KB194246

잊혀진 독립운동가

필동 임면수 평전

잊혀진 독립운동가

필동 임면수 평전

- 노블리스 오블리주를 실천한 휴머니스트-

초판 1쇄 인쇄   2025년 5월 30일
초판 1쇄 발행   2025년 6월 10일

저 자 박 환
펴낸이 윤관백
펴낸곳 선인

등 록제5-77호(1998. 11. 4)
주 소   서울특별시 양천구 남부순환로48길 1, 1층
전 화   02-718-6252
팩 스   02-718-6253
E-mail suninbook@naver.com

정 가   20,000원

ISBN 979-11-6068-975-4 93990

광복 80주년, 멕시코한인이주 120주년 기념

잊혀진 독립운동가

필동 임면수 평전

- 노블리스 오블리주를 실천한 휴머니스트-

박 환

임면수 동상(수원 올림픽공원)과 표지석(글 박환)

임면수는 1873년 6월 10일(음) 수원시 성안 보시동(북수동), 북수리 299번지에서 임진엽과 송씨 사이에 2남으로 출생하였다. 일찍이 향리에서 한문을 수학하였다. 그 후 한국이 근대화되자 근대적인 실용적인 학문에 관심을 갖고 수원 양잠학교에 입학, 1903년 졸업하였고, 일어공부를 위하여 화성학원에 진학, 1905년 4월 26일 졸업하였다. 그리고 1904년 말부터 이듬해 초까지 수원에서 멕시코이민 모집 대리점을 운영하였다.

구한말 임면수는 수원지역의 대표적인 근대학교인 삼일학교의 설립에 기여하는 한편, 교감 및 교장을 역임하였다. 그리고 경기도지역 국채보상운동을 주도하였으며, 기호흥학회 수원지부 평의원으로도 활동하였다.

구한말 상동청년학원에서 활동한 그는 1910년 일제에 의해 조선이 강점되자 독립운동기지 건설을 위하여 1912년 2월 만주 서간도 환인현 횡도천으로 망명하였다. 그리고 만주 합니하에 개교한 신흥무관학교의 다른 이름인 양성중학교 교장으로서 독립군 양성에 기여하였다. 1910년대 중반에는 부민단의 결사대에 속하여 활동하였으며, 3·1운동 이후 일제의 간도출병으로 통화현에서 해룡현으로 근거지를 옮겨 항일투쟁을 전개하다가 일제에 의해 체포, 투옥되었다.

임면수는 구한말에는 수원지역을 중심으로 계몽운동을 전개하였고, 1910년대에는 만주에서 항일운동을 활발히 전개하였던 인물이었다. 수원출신으로서 수원에서 활동하다 만주로 망명하여 활동한 독립운동가로서 임면수의 민족운동은 각별한 의미를 갖는다. 그동안 그런 유형의 인물은 별로 발견되고 있지 않기 때문이다. 아울러 그는 일어학교 출신으로서 일본어에 능하여 편안하고 부유한 삶을 약속받았음에도 불구하고 국내외에서 활발한 독립운동을 전개하였다는 점에서 특히 높이 평가된다.

그럼에도 불구하고 임면수에 대한 연구는 그동안 활발히 전개되지 못하였다. 이에 광복80주년과 멕시코 한인이주 120주년을 맞이하여 조그마한 책자라도 발간하여 임면수의 삶의 여정을 밝혀보고자 하였다.

책자 간행에는 성주현, 정길화, 김재기교수를 비롯하여 국가보훈부의 정명희, 박준현, 독립기념관의 임공재, 김용진 그리고 양훈도, 한동민, 박철하, 이동근, 김찬수, 김경표 등 수원지역의 연구자들과 한준택, 김영균 등 필동임면수선생기념사업회 및 삼일공고의 김동수, 장성은 교장을 비롯한 삼일상고의 박상풍, 매향여자정보고등학교의 김정현 등 여러 선생님들과 조형기, 박영양, 이수원, 박희정, 조성진, 윤의영, 김영길, 최형국 등 평소 가까이 지내는 수원시민들, 그리고 수원문화원 김봉식원장님과 임면수 지사의 손자 임병무님의 무언의 격려도 큰 힘이 되었다. 아울러 독립기념관과 한국이민사박물관의 자료 제공과 자문에도 고마운 마음을 전한다.

끝으로 광복 80주년을 맞이하여 임면수를 비롯한 지금까지 잊혀진 수많은 독립운동가들이 보다 많이 조망되기를 바라며, 독립운동가들의 지향점이 조국의 독립과 더불어 인류애의 상징인 정의와 인도와 평화에 바탕한 진정한 휴머니스트 국가였음이 밝혀지는 계기가 되기를 희망한다.

2025년 6월 문화당에서

청헌 박환

차례

임면수 지사

임면수 흉상(삼일공고 내)

임면수 묘비(수원박물관)

제1장

노블리스 오블리주를 실천한
필동 임면수의 삶과 꿈

■ 수원과 만주벌판의 항일영웅 임면수

　임면수(林冕洙)는 수원지역의 대표적인 근대교육자이며, 독
립운동가로서 노블리스 오블리주
를 실천한 인물이다.『삼일학원65
년사』에,

임면수 지사

　특히 그는 여성교육을 위해 가대(家垈)
와 토지 과수원을 현 매향정보중고등
학교 부지로써 희사하였다. 어찌 선생
의 후덕을 잊으리오. 그러나 선생은

삼일학교에서 추호만한 학교권리도 개의한 바 없는 의인이었다.[*]

라고 하여 그의 면모를 잘 보여주고 있다.

아울러 대한매일신보 1909년 1월 9일자, 〈학계헌신〉에서
도 그에 대하여

> 수원부 내 삼일학교 교장 임면수씨는 본이명망재예(本以名望才藝)로
> 다사심복(多士心腹)하는 바 이어니와, 수년전부터 교육계에 전심전
> 력하여 학교가 처처설립(處處設立)하고 일일확장한다 하니 유지인
> 사의 대모범이 되리라고 물불칭송한다고 한다.

라고 하여 그를 유지인사의 모범으로 높이 평가하고 있다.

임면수는 수원지역의 대표적인 근대학교인 삼일학교(三一學
校)의 설립자 중 1인이며, 1909년에는 교장으로 활동한 근대
적인 교육자이다. 또한 그는 경기도지역 국채보상운동을 주
도하였으며, 기호흥학회 수원지부 평의원으로도 활동하였다.

구한말 상동청년학원에서 활동한 그는 1910년 일제에 의
해 조선이 강점되자 독립운동기지 건설을 위하여 1912년 2
월 만주 서간도 환인현(桓仁縣) 횡도천(橫道川)으로 망명하였

---

[*] 삼일학원65년사편찬위원회, 『삼일학원65년사』(수원, 삼일학원, 1968), 80-
81쪽.

다. 그리고 그곳에 개교한 신흥무관학교의 또다른 이름인 양성중학교(養成中學校) 교장으로서 독립군 양성에 기여하였다. 1910년대 중반에는 부민단(扶民團)의 결사대에 속하여 활동하였으며, 3·1운동 이후 일제의 간도출병으로 통화현(通化縣)에서 해룡현(海龍縣)으로 근거지를 옮겨 항일투쟁을 전개하다 일제에 의해 체포 투옥되었다.

임면수는 이처럼 구한말에는 수원지역을 중심으로 계몽운동을 전개하였고, 1910년대에는 만주에서 항일운동을 활발히 전개하였던 인물이다. 특히 수원출신으로서 만주에서 활동한 인물들이 거의 보이지 않는 점을 상기해 볼 때, 임면수의 민족운동은 더욱 주목된다. 그럼에도 불구하고 그동안 임면수는 학계 및 수원지역 사회에서도 관심을 기울이지 못하였다.

■ 수원에서 나서, 수원에서 공부하다

임면수(1873-1931)는 본관은 나주(羅州)이며, 한자로는 임면수(林冕洙), 또는 임면수(林勉洙)라고도 한다. 호는 필동인데, 한

자로는 필동(必東) 또는 필동(弼東)이라고도 한다. 임필동이란 이름은 주로 만주에서 사용하였다. 1873년 6월(음)* 수원군 수원면 북수리에서 아버지 임진엽(林鎭曄)과 어머니 송(宋)씨 사이에 2남으로** 출생하였다.*** 19세에 전현석(全賢錫, 1871-1932)과 결혼하였다.****

임면수는 향리에서 전통교육을 받았다.***** 그 후 그는 개항이후 한국이 근대화되자 근대적인 실용적인 학문에 관심을 기울인 것으로 보인다. 황성신문 1903년 11월 6일자에는 그가 양잠학교를 졸업한 기록이 보여 우리의 관심을 끈다.

수원 양잠학교 추기졸업榜이 다음과 같으니, 우등은 양재순(梁載純), 최석규(崔錫圭) 2인이오, 급제는 임면수(林勉洙), 홍경유(洪璟裕) 등 6인이오 진급생은 이용묵(李容默) 등 4인이더라 (황성신문 1903년 11월 6일 잡보 華校蠶業)

위의 기록에서 볼 수 있는 바와 같이, 임면수는 1903년 수

---

* 임면수의 출생일은 보통 6월 13일로 알려져 있었으나 최근 한동민은 1873년 6월 10일(음), 사망일은 1930년 11월 29일(음력, 양력으로는 1931년 1월 17일), 출생지는 북수리 299번지로 보아야 한다고 하고 있다(한동민, 「필동 임면수의 가계와 생애에 대한 재검토」, 『수원화성향토문화연구』2, 2015)
** 제적등본 참조
*** 허영백, 『광복선열 고 필동임면수선생약사』(1963년 2월 25일)
**** 『삼일학원65년사』, 79쪽.
***** 『광복선열 고 필동임면수선생약사』

원양잠학교 졸업 명단에 있다. 당시 우등은 양재순과 최석규였으며, 임면수는 홍경유 등 5명과 함께 졸업하였던 것이다.

양잠학교를 졸업한 임면수는 당시 시세를 보아 일어공부를 위하여 화성학원에 진학한 것 같다. 황성신문 1905년 5월 9일 화교졸업(華校卒業)에,

> 화교졸업
>
> 수원화성학교에서 지난달 26일에 제1회 졸업식을 거행, 졸업생은 임면수 등 7인이오, 삼학년진급증서를 받은자 이용훈(李容勳) 등 십여인이오, 이학년은 나홍석(羅弘錫) 등 이십여인이오, 일학년은 나경석(羅景錫) 등 이십여인이오, 예과생은 지윤희(池閏熹) 등 삼십여인인, 합 80여 명이라더라

라고 있는 바와 같이, 임면수는 1905년 4월 26일 수원화성학교를 6명의 동료들과 함께 졸업하였다.

임면수가 다닌 수원화성학교는 어떤 학교일까. 황성신문 1900년 11월 16일자 잡보 〈어학설교(語學設校)〉에,

> (어학설교)일본인 鶴谷誠隆氏가 수원군에 어학교를 세우고 학도를 교육한다고 외국어학교장에게 인허를 청더라

라고 있음을 통하여 짐작해 볼 수 있다.

일본인 쯔루타니(鶴谷誠隆)는 1900년 4월에 조선어연구생으로 일본 정토종의 명을 받고 한국으로 건너온 인물이었다. 쯔루타니가 1901년 서울로 활동무대를 옮긴 이후 화성학교 일본인 교장 및 교사로 미와(三輪政一)가 부임하였다. 그는 1902년 6월에 수원에 와서 거주하며 일어를 가르쳤다. 그의 교장 취임 이후 일어 화성학교는 본궤도에 올랐다. 미와는 부족한 자금을 확보하기 위하여 인천 거루지에서 600엔을 거출하였고, 인천 영사 카토오(加藤本四郎)의 지원을 받았다. 또한 1905년 하세가와(長谷川)대장과 하야시(林)공사 등이 수원화성학교를 방문하여 보조금을 지급하기도 하였다.*

수원화성학교의 생도수는 100명 정도로 생도가 많은 곳 가운데 하나였다. 인천의 일어학교는 30-40명, 경성(서울-필자 주)학장은 100여 명 등이었다. 화성학교의 경우 1900년 학생수는 10여명이었고, 1901년도에는 30여명이었으나, 1902년 미와의 부임이후 교사가 좁아 들어가지 못할 정도로 학생이 증가하였다. 당시 화성학교 학생들은 일본군에게 적극적으로 협력하는 자세를 보였다. 화성학교 학생 46명은 군자금으로 44원 80전을 기부하여 교장 미와가 일본영사관에 접수하였다. 동시에 일어를 할 줄 아는 4-5명은 러일전쟁에 통역으

---

* 매산초등학교100년사편찬위원회, 『매산100년사』(수원, 2006), 189-190쪽.

로 지원할 정도였다. 러일전쟁이 유리하게 전개되면서 화성 학교 학생들은 100명을 넘어서게 되었다. *

일어학교 졸업생들은 군용철도 감부(監部)통역, 수원자혜병원 통역, 재판소 서기 등으로 활용되면서 일제의 식민통치기구의 말단으로 활용되었다. 1906년 9월 수원거류민립소학교가 설립된 이후** 미와가 교편을 잡았으므로,*** 그 후 일어 화성학교는 지속되지 못한 것 같다.****

임면수는 바로 이 화성학교를 1905년 4월 26일 수원화성학교를 6명의 동료들과 함께 졸업하였던 것이다. 양잠학교 졸업이 1903년 말이라고 보아 그는 약 2년 동안 일어 공부를 한 것으로 보인다.

임면수는 일어에 능하였음에도 불구하고 상동청년학원에서 민족교육을 받고, 수원에 남아 구국운동을, 그리고 만주로 망명하여 독립운동을 전개하였다. 이러한 것들을 통해 그의 인물됨을 짐작해 볼 수 있을 것 같다.

* 『매산 100년사』, 192–193쪽.
** 한동민, 「근대 수원의 일본인 사회와 일본인학교」, 『지배문화와 민중의식』, 한신대학출판부, 2008, 182쪽.
*** 성주현, 「근대 식민지 도시의 형성과 수원」, 『수원학연구』 2, 수원학연구소, 2005, 191–192쪽.
**** 『매산 100년사』, 192–193쪽.

상동청년학원은 1905년 상동교회에서 설립해서, 운영한 중등부 과정의 교육기관이다. 상동교회 전덕기목사는 초등교육기관인 공옥여학교와 공옥남학교 외에 중등부 과정의 청년학원을 설립하였다. 1904년 10월 미국교포 강천명(姜天命)이라는 사람이 그 때 돈 5원을 교육사업에 써달라고 부쳐옴으로써 학교 설립이 이루어졌다. 학교가 개학한 때는 1905년이었다. 전덕기 목사는 이 청년학원을 통하여 구국운동에 헌신할 인재를 양성하고 투철한 민족정신을 키워주기 위하여 신앙교육과 함께 다양한 교육을 실시하였다. 교육내용은 한글보급운동·국사강의·외국어강의·군사훈련·신문화 수용과 전파·지도자의 자기 수양(종교훈련) 등을 가르쳤다.

상동청년학원을 통한 한글보급운동은 주시경(周時經)을 중심으로 활발히 전개되었다. 주시경은 1907년 7월 1일부터 상동 청년학원 학생들을 대상으로 여름방학을 이용하여 하기 국어강습회를 열어 국문법을 교수하였다. 그 교수 내용을 보면, 음학(音學)·자분학(字分學)·격분학(格分學)·도해학(圖解學)·변성학(變性學)·실용연습의 6과를 교수하였다. 또한 매주 일

요일마다 주일예배 후 오후 2시부터 2시간 정도 정기적으로 상동청년학원 내에서 국어의 중요성과 과학성을 강조하며 가르쳤다. 1907년 11월부터 1909년 12월까지 상동청년학원 안에 국어야학과를 설치하고 국어문법을 가르쳤다. 또한 한국사와 한국지리, 그리고 교련시간을 강화하여 학생들에게 민족의식과 역사의식을 고취시켜 독립정신을 함양하는데 주력하였다. 특히 교련시간에 학생들은 목총을 메고 군가를 부르며 북소리에 맞추어 행진하였다고 한다. *

임면수의 상동청년학원에서의 공부에 대한 기록은 독립운동가 허영백이 작성한 임면수의 비문에 있다. 비문을 보면 다음과 같다.

당시 구한말 선생은 뜻한 바 있어, 수원에서 서울로 상경하였다. 상동감리교회 안에 설립되어 있는 청년학원에서 영어와 일어와 측량을 공부하면서 기독교에 입교하였다.
상동청년학원은 상동교회의 담임목사 전덕기 목사가 설립하였다. 당시 이곳은 기독교 중견인물들의 집합소이며 애국자들의 총 집합

* 이명화, 「상동청년학원」『한국독립운동사사전』(독립기념관, 2004)
이승만, 「상동청년회의 학교를 셜시홈」, 『신학월보』, 1904. 11 ; 송길섭, 『민족운동의 선구자 전덕기 목사』(상동교회 역사편찬위원회, 1979) ; 기독교 대한감리회 상동교회, 『상동교회일백년사』(1988) ; 한규무, 「상동청년회에 대한 연구」, 『역사학보』126, 1990 ; 한규무, 「1900년대 서울지역 민족운동 동향」, 『한국민족운동사연구』19, 1998.

소였다. 임면수는 서울에 유학하면서 교회와 독립협회가 주최하는 강연회니 토론회니 정부탄핵 연설장이니 강습회니 빠짐없이 따라다니며 식견을 넓히고 인격 향상에도 노력하였다. 특히 강화에서 사학을 30여처나 설립하고 독립교육에 매진하고 있는 이동휘씨의 감화를 많이 받았다. 그리하여 선생은 국가민족의 항로를 계몽하고 선도하는 지침이 오직 교육부터 라는 것을 절감하고 행리로 돌아와 신교육을 개척하고자 하였다.[*]

임면수가 감리교 계통의 기독교인이었던 점, 신민회의 일환으로 추진된 만주 독립운동기지 건설 계획에 따라 이주한 점, 만주에서 상동청년학원 관계자들과 함께 활동한 점등을 통해 볼 때 임면수가 상동청년학원에서 공부하였을 가능성은 큰 것으로 보인다.

1905년 화성학교를 졸업한 임면수는 국권회복에 관심을 갖고 서울로 상경하여 상동청년학원에 다닌 것 같다. 이것은 임면수의 생애에 있어서 가장 큰 변화를 가져오는 계기가 된 것이 아닌가 한다. 특히 감리교 기독교 신자였던 그에게 있어서 상동청년학원은 큰 자극제가 되었던 것이다. 또한 기독교인이며 민족주의자였던 이동휘는 그의 민족의식형성과 활동에 큰 감동을 주었던 것으로 보인다.

---

* 『삼일학원65년사』. 79-80쪽

■ ■ 구한말 계몽운동을 전개하다

■ 경기도 지역의 국채보상운동을 주도

1907년 전국적으로 국채보상운동이 일어나자 상동청년학원에서 민족의식을 고취한 임면수는 이하영, 김태제 등과 함께 국채보상운동에 적극적으로 참여하였다. 대한매일신보 1907년 3월 9일자 3면 잡보에,

> 분발의기(奮發意氣)
> 수원사는 이하영 임면수 김태제(金台濟) 3씨가 국채보상사에 대하여 선위창론(先爲倡論)하여 사부내인민(使府內人民)으로 함유애국경제지심(咸有愛國經財之心)케 하고 국한문 취지를 자비 발간하여 봉인첩급(逢人輒給)에 이계기분발지심(以啓其奮發之心)하여 하엿다더라.

라고 하여, 임면수, 이하영, 김태제 3인이 국한문 취지서를 자비로 발간하여 수원사람들의 동참을 호소하였음을 밝히고 있다. 아울러 대한매일신보 1907년 3월 26일 3면 잡보 〈삼씨분의(三氏奮義)〉에,

> 수원부 사는 김제구(金濟九), 이하영, 임면수 3씨는 기독교인으로, 애국성이 분발하여 금번 국채보상에 열심 주선하여 특설 일회(一會)하고 취지서 수백도(數百度)를 발간하여 경기 각 군에 광포하였

는데, 불과 2,3일에 의연금이 500여원에 달하였더라.

라고 하여, 취지서 수백장을 발간하여 수원뿐만 아니라 경기도 각군에 배포하였음을 보여주고 있다. 임면수 등이 배포한 국채보상 취지서는 대한매일신보 1907년 3월 29일자 1면 잡보 〈국채보상취지서〉에 실려 있다.

임면수 등이 주장한 국채보상운동은 수원주민들에게 큰 파장을 일으켰다. 이들은 국한문으로 된 취지서 수백 매를 자비로 인쇄·배포하였다. "나라를 진정으로 사랑하는 마음은 재물을 가볍게 여긴다."는 취지로 거리 홍보에도 적극적이었다. 또한 경기도내 각 군에도 취지서를 무료 배포하는 등 국채보상운동 확산에 노력을 기울였다. 이에 2-3일만에 의연금 수백 원이 모금될 정도로 대단한 호응을 받았다.* 경기도내 국채보상 활동은 이들에 의하여 활성화되는 계기를 맞았다. 재무원인 나중석·차유순(車裕舜) 등도 운영 경비를 자부담하는 등 열성적이었다.**

이러한 분위기는 경쟁적인 의연금 모금으로 이어졌다. 관

---

* 『대한매일신보』 1907년 3월 9일 잡보 「奮發義氣」, 3월 26일 잡보 「三씨奮義」.
** 『대한매일신보』 1907년 6월 11일 잡보 「兩員熱心」; 『대한매일신보』 1907년 7월 7일 국채보상의연금 「水原府內府外」. 羅聖奎는 1910년에 羅重錫으로 개명하였다(『황성신문』 1910년 4월 7일 광고).

립수원농림학교·수원공립보통학교 직원과 생도 등도 분위기 조성에 크게 이바지하였다. 이는 근대교육 필요성과 자립경제 수립를 위한 경각심을 주민들에게 일깨웠다.* 1907년 8월 초까지 계속된 모금 현황은 현지 분위기를 단적으로 보여준다. 경기도지역의 국채보상운동은 이러한 가운데 더욱 확산되었다.**

임면수 묘비(삼일상고 내)

* 『황성신문』 1907년 6월 22일 광고 「국채보상의연금 집송인원급액수, 수원공립보통학교」; 『대한매일신보』 1907년 4월 21일 국채보상의연금수입광고 「관립수원농림학교생도」.
** 『대한매일신보』 1907년 8월 3일 국채보상의연금 본사수입광고 「水原府內右支社」·「發安場商民秩」·「安仲場商民秩」·「金良場商民秩」·「鳥山場商秩民」.

임면수 등이 배포한 국채보상 취지서

(대한매일신보 1907년 3월 29일자 1면 잡보)

夫國民之義務는 稟在於愛國 而愛國之忱은 專係乎富國安民이라. 不在枚論이어니와 일천삼백원 外債之說이 傳播於國中이후로 일반유지사민이 非無相顧太息流涕者矣로대, 未嘗有奮發創論에 計報此巨額이러니, 何幸忠義丹침이 先激於嶺南靈區하야 단연동맹이 鼓動我二千萬同胞之腦髓함에 閭巷愚夫痴婦와 隻童幼孩와 至於病軀川乞까지 竭力義捐에 자원응모자 如雲集水湧이라.

我至聖至仁하신 황상폐하계읍서 洞恤民情하사 特下券烟不御지 勅敎하시고 정부대관모모씨도 또 有斷烟義捐지 확보하니 此非皇天이 眷顧 我大韓而然歟아.

壯哉偉哉라. 斷烟同盟會之倡論이여. 忠哉義哉라. 大邱廣文社長之奮發이여. 此果非人力所取則確信皇天之眷顧也로다. 國權之獨立이 必在於此擧요. 民權之自由도 亦在於此擧則苟爲我韓臣民者孰不欲協力贊成也哉아. 忠義所激에 不計先後일세. 玆設一會하고 敢此公布하니 畿西同胞여 勿拘多寡하고 隨力義捐에 補償外債하여 以保我三千里疆土하고 以保我二千萬生命을 泣血懇祝

水原英語三學堂贊成會 회장 金濟九, 서기 李夏榮, 林勉洙

국채보상운동취지서(『대한매일신보』, 1907. 3. 29)

▣ 삼일학교 설립과 발전에 기여

1903년 임면수는 젊은 동지들과 함께 삼일학교를 설립하였다. 당시 이하영과 나중석과는 인척관계로 동지였다. 이성의(李聖儀), 최익환(崔翼煥), 홍건표(洪建杓), 차유순, 김제구 등도 참여하였다.*

삼일여학교 학생들

삼일학교는 발전을 거듭하던 중 1906년에 이르러 재정적인 어려움에 봉착하였다. 이에 부호 강석호(姜錫鎬)는 1906년 5월 거금을 의연하였다.** 나중석도 부지 900여 평을 기증하

---

* 『광복선열 고 필동임면수선생약사』
**『대한매일신보』 1907년 7월 18일 잡보 「姜氏助校」; 『황성신문』 1908년 2월

였다. 이때 임면수도 삼일학교 찬성금액으로 동지들과 함께 10원을 희사하였다.*

삼일학교는 1906년 9월 1일 심상과와 고등과로 개편되었다. 1년 과정인 심상과 교과목은 성경·국어·역사·한문·산술·영어·체조 등이었다. 3년제인 고등과는 성경·한문·국어·수신·생리·광물·문리·산술·본국역사·본국지지·만국역사·만국지지·작문·도화·체조 등이었다. 교과과정 정비는 교육 내실화를 도모하는 '획기적인' 계기로서 작용하였다. 더욱이 체조는 매우 중시된 교과목 중 하나였다. 군사훈련에 버금가는 병식체조와 행군은 학생들에게 상무정신을 고취시켰다. 담당교사는 구한국군 출신인 강건식(姜建植)에 이어 송세호(宋世鎬)였다.**

초기에 임면수도 수업을 담당하였으나 학교교육이 확장됨에 따라 교감직을 담당하였다. 당시는 교장이 대개 명예교장이며, 사실상 실무자는 교감이었다. 특히 그는 여성교육을 위해 집터와 토지 과수원을 현 매향여자정보고등학교 부지로써 희사하였다.***

6일 광고 「광무11년 六月日 수원삼일학교찬성금액」.
* 『황성신문』 1908년 02월 06일 광고 광무11년 유월 일 수원삼일학교
** 『삼일학원65년사』, 65·73쪽.
*** 『삼일학원65년사』, 80–81쪽.

1909년 임면수는 삼일학교 교장으로서 관내 사립학교설립운동을 주도하거나 후원하는 등 교육가로서 면모를 유감없이 발휘하였다.* 『기호흥학회월보』 제7호(1909년 2월 25일발행), 〈학계휘문(學界彙聞)〉에서도 임면수의 활동을 다음과 같이 높이 평가하고 있다.

> △ 학계 헌신 수원부내 삼일학교 교장 임면수씨는 소이덕망재예(素以德望才藝)로 다사(多士)가 심복ᄒᆞᄂ 바어니와 수년 전부터 교육계에 전심적력ᄒᆞ야 학교를 처처설립ᄒᆞ고 일일확장ᄒᆞᆫ다더라.

라고 하고 있는 것이다.

■ 만주로 망명하다

▣ 피눈물로 만주땅 환인현 횡도천으로

1905년 을사늑약이 체결된 이후, 일제의 침략이 더욱 노골화하던 1907년, 서울에서 안창호 · 양기탁 · 이회영 등을 중심으로 신민회라는 비밀 결사단체가 조직되었다. 이 단체에

---

* 기호흥학회, 「학계휘문, 학계헌신」, 『기호흥학회월보』7, 39쪽.

서는 1909년 봄에 일제에 의하여 한국의 멸망이 거의 확실
시되자 국내에서의 민족 운동은 거의 불가능하다고 판단하
였다. 그러므로 서울 양기탁의 집에서 이동녕 · 주진수 · 안
태국 · 김구 등이 참석한 가운데 비밀 간부 회의를 개최하고
해외에 독립 기지를 건설할 것과 군관 학교를 설치할 것에
대하여 의논하게 되었다. 그 결과 서간도 지역의 한 지점을
택하여 그 지역에 동지들을 이주시키고 무관학교를 설립해
서 독립군을 양성하기로 결의하였다.

임면수는 1910년 일제에 의해 조선이 강점되자 이 소식을
듣고 아연 질색하
여 애통한 나머지
서울로 올라와 비
밀히 신민회에 가
입하고 양기탁씨
집에서 열리는 구
국운동회의에 참여
하여 신민회의 공
결(公決)과 지시에
따라 모국을 떠나
만주에서 독립군을

만주지도

환인현 졸본성

양성하고자 하였다. 만주에서 독립운동을 전개한 김승학(金承學)이 작성한 『한국독립사』에 따르면, 이때 임면수는 경기도지역의 대표로 활동하였다고 한다.* 만주로 망명 당시 임면수는 삼일학교를 나홍석(羅弘錫)에게 위탁하였다. 임면수는 극비리에 가족을 이끌고 1912년 2월** 봉천성 환인현 횡도촌으로 망명하여 그곳에서 독립운동을 시작하였다.***

추위가 아직 다 가시지 않은 늦겨울에 임면수는 부인 전현석(1871년생)과 아이들 2남 2녀****와 함께 만주로 망명하였

---

* 김승학, 『한국독립사』하권, 독립문화사, 1970, 247쪽.
** 임면수 제적부에 명치 45년(1912년) 2월 支那 서간도로 전부 출가로 기록되어 있다.
*** 허영백, 「광복선열 고 필동김면수선생약사」, 1963년 2월 25일.
**** 임면수 망명 당시 제적부에는 2남 2녀였다. 林禹相(1892년생, 남), 學姒(1903년생), 交姒(1906년생), 德相(1907년생, 남) 등이 그들이다. 임면

다. 수원에서 기차를 타고 신의주로, 신의주에서 다시 기차를 타고 안동으로 또는 신의주에서 하차하여 몰래 안동으로 건너갔을 것이다. 그때 압록강을 건너 나라를 떠나는 임면수 지사의 마음이 오직하였겠는가. 서울의 우당 이회영,* 안동의 석주 이상룡(李相龍),** 백하 김대락(金大洛)*** 등 여러 동지들은 여러 일가친척들이 함께 이동을 하였지만, 필동 임면수는 부인 전현석과 더불어 홀연히 고향 산천 수원을 떠나 만주 대륙으로 향하였던 것이다.

압록강을 건너 안동현(安東縣)으로 이동한 임면수는 횡도천으로 향하였다. 이곳이 우당 이회영 등 신민회계열이 임시 거처로 정한 곳이였기 때문이 아닌가 한다. 이회영의 부인 이은숙의 기록을 보기로 하자.

이회영의 부인 이은숙

수, 전현석 등이 사망한 이후의 제적부에는 이름과 나이 등에 약간의 차이를 보이고 있다. 2남 3녀로서 장녀 林道相(1903년생), 차녀 林惠相(1906년생), 장남 林仁相(1909년생), 차남 林日相(1911년생), 3남 林文相(1914년생) 등이다.
* 박환, 「이회영과 그의 민족운동」, 『만주한인민족운동사연구』, 일조각, 1991.
** 안동독립기념관 편, 『국역 석주유고』, 2008.
*** 안동독립운동기념관 편, 『국역 백하일기』, 2011. 백하 김대락의 경우 1911년 1월 6일 서울을 출발하여 임면수와 마찬가지로 신의주, 안동, 항도천, 삼원포로 향하였던 것이다.

임시로 정한 횡도천으로 향하였다(중략). 안동현에서 횡도천은 500리가 넘는지라 . 입춘이 지났어도 만주 추위는 조선 대소한(大小寒) 추위 비(比) 치도 못하는 추위이다. 노소없이 추위를 참고 새벽 4시만 되면, 각각 정한 차주(車主)는 길을 재촉해 떠난다. 채찍을 들고 〈어허!〉소리 하면 여러 말들이 고개를 치켜들고 〈으흥!〉소리를 하며 살같이 뛴다. (중략) 갈수록 첩첩산중에 천봉만학은 하늘에 닿을 것 같고, 기암괴석 봉봉의 칼날 같은 사이에 쌓이고 쌓인 백설(白雪)이 은세계를 이루었다. 험준한 준령이 아니면 강판 얼음이 바위같이 깔린 데를 마차가 어찌나 기차같이 빠른 지, 그중에 채찍을 치면 더욱 화살같이 간다.

이은숙의 기록을 통하여 당시 안동현에 도착한 임면수 부부가 환인현 횡도천으로 이동해 가는 모습을 상상해 볼 수 있다. 산천을 보며, 추위를 느끼며, 자신의 미래에 대하여 여러 것을 고민해 보았을 것이다. 또한 망설임도 계속되었을 것이다.

횡도천은 멀리 고구려의 첫 수도였던 졸본성이 바라보이는 곳이다. 졸본성의 웅장함을 바라보며 임면수는 옛 영광을 새롭게 부활시킬 것을 굳게 다짐하였을 것이다. 횡도천은 고구려의 옛터였을 뿐만 아니라, 환인현성에서도 멀리 떨어지지 않아 교통이 편리한 곳이다. 다만 계곡은 깊은 곳이지만, 넓지 않아 독립운동가들 다수가 정착하기에는 그리 좋은 곳은 아니라고 판단된다.

이곳 횡도천에는 독립운동가들이 다수 거주한 것으로 보인다. 강화도의 학자 이건승(李建昇) 등도 있었다. 이건승은 1910년 12월 1일 압록강를 건너, 12월 7일부터 이곳에 우거하였다.* 1911년 5월에 망명 온 박은식(朴殷植)도 1912년 3월까지 대종교 3대교주가 되는 윤세복(尹世復)의 집에 거처하였다.** 윤세복은 1911년 음력 2월 만주로 망명하여, 동년 음력 5월에 환인현에 동창학교를 설립하여 민족의식 고취에 기여하였다.*** 그리고 경북 안동의 석주 이상룡도 도착하였다.****

■ 독립운동기지 유하현 삼원포로의 이동과 정착

만주로 망명한 임면수 역시 우당 이회영 등 동지들과 함께 행동하였을 것으로 보인다. 우당 이회영 등 신민회 동지들은 무관학교를 설립하고 군사를 양성하기 위하여 유하현으로 이동하였을 것으로 보인다. 한편 경북 안동의 석주 이상룡,

---

* 이은영, 「20세기 초 유교지식인의 망명과 한문학—서간도 망명을 중심으로」, 2012년 성균관대학교 한문학과 박사학위 청구논문, 18–19쪽.
** 이은영 앞의 논문, 237쪽.
*** 조준희, 「단애 윤세복의 민족학교 설립 일고찰」, 『선도문화』8, 2010, 99쪽.
**** 정병석, 「일제 강점기 경북 유림의 만주 망명일기에 보이는 현실인식과 대응—백하일기와 서사록을 중심으로」, 『민족문화논총』58, 2014, 99쪽.

그의 처남 안동의 김대락 등도 앞을 다투어 그곳에 도착하였다. 김대락의 경우 1911년 4월 10일에 도착한 것으로 기록되고 있다.*

1911년 봄에 만주 유하현(柳河縣) 삼원보(三源堡) 추가가(鄒家街)에서 자치기관으로서 경학사를 만들고,** 독립군을 양성하기 위하야 1911년 6월에*** 농가 2칸을 빌어서**** 신흥강습소를 만들었다. 그런데 추가가는 지리적으로 교통이 편리하고 인마(人馬)의 왕래가 잦아 독립 운동 기지로서는 적당하지 못하였다. 반면에 통화현 합니하는 동남쪽으로는 고뢰산(古磊山)이 30리 거리에 있고, 북쪽으로는 청하지(淸河子)의 심산유곡이 있으며 남서쪽으로 폐가동(閻家洞)의 장산밀림(長山密木)이 펼쳐져 있는 준엄한 곳이었다. 그러므로 신흥강습소를 합니하로 이전하였다. 합니하로 이전한 신흥강습소는 교직원 및 학생들의 노력 봉사로 1913년 5월에 교사 낙성식을 갖고 학교 명칭을 '신흥중학'으로 개칭하였다.*****

1913년 봄에 학교가 이전된 뒤 황림 초원에 수만 평의 연

---

* 정외석, 「일제 강점기 경북 유림의 만주 망명일기에 보이는 현실인식과 대응–백하일기와 서사록을 중심으로」, 『민족문화논총』58, 2014, 96쪽.
** 경학사를 1912년 여름에 해산하였다고 하고 있다(신한민보 1940년 6월 13일 이동녕사력(3)
*** 신한민보 1915년 12월 23일 신흥강습소 정형(1)
**** 위와 같음
***** 박환, 「만주지역의 신흥무관학교」, 위의 책, 328–331쪽.

유하현 삼원포

병장과 수십 간의 내무실 내부 공사는 전부 생도들 손으로 이루어졌다. 그리고 동년 5월에는 그동안 열망하던 교사 낙성식이 있었다. 이로부터 통화현 합니하는 우리 독립군 무관 양성의 대본영이 되고 구국 혁명의 책원지로서의 새 면모를 갖추게 되었다.* 신흥중학교는 1914년에 거듭되는 천재(天災)로 인하여 그 운영이 어렵게 되었다. 그러므로 둔전병제도를 통하여 학교의 재정을 충당하고자 하였다.

임면수는 만주지역의 상황이 열악해 지자, 동포들을 순방

---

* 허영백, 『광복선열 고 필동임면수선생약사』, 1963년 2월 25일.

하면서 신흥무관학교 유지비를 염출하기 위해 영하40도 되는 한파 적설을 무릅쓰고 썩은 좁쌀 강냉이 풀나무 죽으로 연명하면서 군사훈련비를 조달하기에 심혈을 다하였다.

■ 부민단에서 독립운동을 전개하다

▣ 독립군 연락소를 운영하다

1910년대 서간도지역에서 조직된 재만 한인의 자치기구이자 독립운동단체. 1912년 가을에 조직되었으며, 통화현을 중심으로 한 서간도일대에서 독립운동 기지를 건설하고 독립전쟁을 위한 준비를 전개하였다. 1911년 경학사가 해체된 후 재만 한인사회에서는 한인사회의 자치와 산업의 향상을 지도할 새로운 조직의 필요성을 절감하였다. 이에 1912년 가을, 독립운동가들은 경학사를 바탕으로 하여 부민단을 조직하였다. 부민단의 뜻은 '부여의 옛 영토에 부여의 후손들이 부흥결사(復興結社)를 세운다'는 것이었다.

본부는 통화현 합니하에 두었으며, 초대 총장은 의병장 허위(許蔿)의 형인 허혁(許赫)이 맡았으며, 곧 이어서 이상룡이 선임되었다. 부민단에는 서무·법무·검무(檢務)·학무·재무 등의 부서가 있었으며, 중앙과 지방의 조직이 마련되어 있었다.

만주지역에서 부민단원으로 활동할 때, 임면수에 대한 기록은 거의 임필동이란 이름으로 등장하고 있다. 불령단관계 잡건 재만주부 1914년 12월 28일 〈불령자처분〉자료의 별첨 자료 〈서간도재주 불령선인조사〉 총 54명 중에 보면 임면수는 다음과 같이 기록되어 있다.

재주지: 통화현
원적지: 경기 수원
성명: 임필동(林弼東)
연령추정: 50
비고: 객주업을 하는 유력자[*]

일본측이 작성한 표에는 통화현, 유하현, 환인현, 해룡현 등지에 총 54명의 독립운동가가 거주하는 것으로 되어 있다.[**] 이를 보면 다음과 같다

통화현 합니하: 이시영 6형제(李始榮, 이회영, 이석영, 이철영, 李時榮,

---

[*] 국사편찬위원회, 『한국독립운동사자료』 39(중국동북지역편 1, 2003), 481쪽.
[**] 국사편찬위원회, 『한국독립운동사자료』 39, 480-482쪽.

이호영), 여준, 윤기섭, 김창환, 이규봉, 이동녕, 김동삼, 강모?, 장한순 3형제(장한순, 장유순, 장도순), 김형식.

통화현 청구자: 권중엽.

통화현 고랍자: 권중철.

통화현 대항도자: 정승철.

통화현: 이계동, 조중세, 김필순, 이태준, 임필동, 김상준.

통화현 추가가: 방기전, 김칠순, 이윤옥, 김창무, 이시중, 왕삼덕, 안동식, 이상룡.

통화현 쾌당모자: 최시명.

유하현 남산천: 김대락, 주진수, 申모.

유하현: 임화동.

유하현 이미: 배인환, 배용택.

유하현 삼원포: 방일의, 유창근.

해룡현 간포: 이상희, 이봉희, 이준형, 이승휘, 이문희

환인현(회인현) 항도천: 홍승국, 조택제, 김윤혁, 홍참판, 정참판, 윤창선.

위에서 보는 바와 같이 1914년 당시 독립운동가들은 주로 통화현, 유하현, 해룡현, 환인현 등지에서 활동하였음을 짐작해 볼 수 있다. 그 중 통화현 합니하에 거주하는 인물이 다수이나, 임면수는 통화현에 거주하는 것으로 되어 있다.

독립운동가 총 54명 중 대부분이 신흥학교 관련 학자 및 교사들이다. 임면수처럼 객주업에 종사하는 인물은 모두 5명

이다. 통화현의 이계동(李啓東, 충청도인, 50세, 객주업으로서 유지자), 이시중(李時中, 평안도인 36-7세, 객주업유지가), 최시명(崔時明, 평안도 인 42-3세, 객주로서 유지자), 환인현 항도천의 홍승국(洪承國, 42-43 세, 충청도인) 등이다. 그 중 임필동만을 "유력자"로 표현하고 있는 것이다.

임면수의 부인 전현석 여사는 별동대, 특파대 등의 밥을 하루에 5.6차례씩 지어야 했고, 각인 각색의 보따리와 총기를 맡으며, 챙겨 주어야 하는 혁명투사의 아내로써 그 고역은 이루 말로 표현할 수 없을 정도였다.* 앞서 언급한 허영백이 지은 임면수의 비문에는 다음과 같은 기록이 있다.

> 그 당시 독립운동자로 선생댁에서 잠은 안 잔이가 별로 없고, 그 부인 전현석 여사의 손수 지은 밥을 안먹은 이가 없었으니 실로 선 생댁은 독립군 본영의 중계 연락소이며, 독립운동 객의 휴식처요, 무기보관소요, 회의실이며 참모실이며 기밀 산실이었으니

▣ 부민단에서 결사대로 활동

임면수가 독립운동가로서 여관업에 종사하였음을 일본외 무성문서 불령단관계잡건 재만주부 〈1916년 8월 5일자 배일

---

* 『삼일학원65년사』, 82쪽.

선인 비밀단체 상황취조의 건〉을 통하여서도 짐작해 볼 수
있다.

부민단에서는 1916년 3월 16일 회의결과 독립운동가들의
근거지가 날로 위험해지고 있다고 판단하였다. 이에 200명
으로 구성된 결사대(일명 山獵隊)를 편성해서 통화현에 일본영
사관 분관 설치를 강력히 반대하고자 하였다. 이 계획의 일
환으로 이미 7-8명은 통화현 시가에 잠입하였다. 일본측 정
보기록에서는 임면수를 그중 1명으로 파악하고 있다. 즉 "일
찍이 통화현 동관대가(東關大街) 거주의 여관영업자, 경기도
수원부생 임필동(林必東)은 이러한 종류의 무리"라고 언급하
고 있다.

「불령단관계잡건」 재만주부 1916년 9월 9일자 재안동영
사가 일본외무대신에게 보낸 〈재만조선인비밀결사취조의
건에 대한 회답〉에도 임면수가 언급되고 있다. 본 자료에서
는 "당지(통화현)의 배일자 중 유력자인 결사대원 임필동(林必
東, 林弼東이라고 쓰기도 한다)"라고 표현하고 있어, 1916년 당시
임필동이 통화현 지역의 유력 항일운동가임을 짐작해 볼 수
있다.

■ 신흥무관학교인 양성중학교 교장으로 활동하다

임면수는 1910년대 중반 만주 통화현 합니하에 설립된 민족학교인 양성중학교 교장으로 활동하였다. 일찍이 1909년 수원에서 삼일학교의 교장으로서 근대민족교육을 실천했던 경험이 큰 도움이 되었을 것으로 보인다. 양성중학교는

통화현 합니하로 가는 길

처음에는 대동중학교에서 출발하여 신흥학교로 교명을 개칭하였다가 다시 양성중학교로 개명하였다. 그가 교장으로 일했던 양성중학교에 대하여는 강덕상편, 『현대사자료』27 조선3, 160-161면(1916년 12월 조사)에 다음과 같이 보고되어 있다.

양성중학교

합니하 남구 사차

배일주의

1915년 4월 양성이라고 개칭

교장 임필동.

교수(校首), 이세영(李世英).

교사, 차정구(車貞九) 김장오(金長五) 사인식(史仁植) 이문학(李文學)

신기우(申基禹) 윤진옥(尹振玉), 재무감독 이동녕(李東寧).

기숙생21, 통학생 41, 학생 연령 15세부터 28세까지.

중등교과산술, 국어문전, 고등소학독본, 신정(新訂)산술, 최신고

등학리과서 교육학 대한신지지 초등윤리과, 신선(新選)박물학, 중

등산술 신선이화학(新選理化學), 유년필독, 보통경제학, 윤리학교

과서 대한국사, 사범교육학 신편(新編)화학 중등용기(中等用器)법 중

등생리학.

종래의 유지법을 일변해서 생도의 공비(公費) 등은 각자 지불하게

하고 단지 수업료는 없음.

처음에 대동중학교라고 칭하다가 후에 신흥학교라고 고쳤다가 다

시 양성중학교라고 개칭.

　　양성중학교는 합니하 남구 4차에 위치하고 있었다. 합니하
의 경우 1910년대 전반기 신흥무관학교가 설립되어 민족교
육의 산실로서 그 역할을 다하고 있던 항일운동의 요람이었
다. 아울러 책임자로 일하고 있는 이세영과 재무감독 이동녕

등은 신흥무관학교의 실질적인 중심인물들이었다. 이로 볼 때 양성중학교는 신흥무관학교의 별칭이라고 할 수 있을 것이다.

양성중학교에서는 학생들에게 국어문전, 대한신지지, 대한국사, 유년필독 등을 통하여 한글, 한국사, 한국지리 등을 가르쳐 민족의식 고취에 기여하고자 하였다.

한편 당시 임면수의 장남 임우상(林禹(宇)相)도 20여세의 나이로 부친을 도와 신흥무관학교 운영을 위한 군자금 마련을 위하여 진력하였다고 전해지고 있다. 특히 그는 아버지 임면수를 대신하여 수원에 있는 김세환(金世煥) 등 수원지역 지사들의 군자금 모금에 진력하였고, 서간도로 돌아오던 중 영하 40-50도의 추위 속을 10여일이나 도보로 이동 중 동상 등에 시달리다가 귀가 즉시 사망하였다고 한다. *

* 허영백, 『광복선열 고 필동임면수선생약사』, 1963년 2월 25일.

■ 3·1운동 이후 무장활동을 전개하다

국내에서 만세운동이 전개되자, 통화현 지역에서도 1919년 3월 12일 금두화락(金斗伙洛)의 금두화교회에서 기독교인과 한인청년회가 주도하는 가운데 한인 400여 명이 만세운동을 전개하였다. 이 금두화락 만세운동에서는 일본 밀정노릇을 해 왔던 계성주를 붙잡아 반역죄로 평결한 다음 3일 뒤 처단하였다. 아울러 한인청년회는 독립운동자금을 모금하는 등 본격적인 독립운동을 시작하였으며, 20일까지 만세운동이 지속되었다. 그러나 이 지역에서는 일제와 중국 관헌의 집중적인 경계와 단속이 심하였기 때문에 대규모 시위운동으로 발전하지는 못했다. 이에 만세운동 주도자들은 서간도의 여러 지역으로 가 3·1운동을 촉진하였다. 또한 독립운동의 중심지인 유하현 삼원보, 통화현 합니하 지역의 부민단원·기독교인·학생들은 압록강 방면 이주 한인촌, 국내 등 각지에 연락하여 태극기를 게양하고, 오인반(五人班) 등 독립운동의 하부조직을 만들게 하였으며, 각지에서 독립운동축하회와 독립운동자금을 각출하는 등 활발한 활동을 전개하였다.

4월 들어 통화현 쾌당모자, 금두화락 부락민들은 총기구입과 700벌의 피복을 제조하고, 군사훈련을 하였으며, 말과 소를 징발하고, 군사비를 거출하였다. 금두화락의 오성범(吳成範)은 170명의 무장대를 이끌고 4월 10일 압록강 연안의 헌병대를 습격하고자 집안현 동취보 흑소자구에 집결하였다.*

당시 임필동의 무장활동은 『한국민족운동사료』3(국회도서관,1979), 368-369쪽에 다음과 같이 잘 나타나 있다.

독립운동에 관한 건(1919년 4월 29일)
압록강방면 의주대장보고

2. 위원분견소 관내 대안

1) 통화현 금두화락 배일선인 오성범 이하 170명의 일단이 (총기를 소지한 자 많음) 압록강을 대안에 배치한 헌병을 습격하려고 4월 10일경 집안현 동취보 흑사자구(유수림자 북방 11리)에 첩자를 보내어 헌병을 습격, 강안의 동정을 엿보게 하고, 빈번히 습격방법을 획책 중이라고.

2) 통화현 쾌당모자 거주 명부 갑 윤덕배, 통화현 왕청문 거주 임필동, 이들은 동지 약 6백명(무기 소자자 많음)과 더불어 4월 12일경 집안현 운지구(통구의 북방 13리)부근에 와서 시기를 보아 통구로 진입하여 조선인조합 총지부와 주재 일본순사 및 강대안 헌병을 습격할 목적으로 준비 중이라고

---

* 국사편찬위원회, 『신편 한국사』 47권, 일제의 무단통치와 3·1운동 중 서간도지역의 3·1운동

라고 있는 바와 같이, 임필동은 1919년 4월 통화현에서 집안
현으로 이동하여 집안현의 일본순사, 친일조직인 조선인조
합 총지부* 등 뿐만 아니라 국경을 지키고 있는 헌병들도 습
격하고자 하는 적극성을 보이고 있다. 그런 가운데 독립운
동을 탄압하려는 일본의 친일조직이 보다 확대되고 있었다.
즉, 친일조직인 집안현 조선인지부가 태평구(太平溝)에 1916
년부터 조직되었으며, 그후 1921년에는 총 11개소가 설치되
어 친일활동을 전개하고 있었다.** 뿐만 아니라 임면수가 활
동하고 있던 통화현에 1920년 일본이 영사관을 설치하자, 임
면수는 일본의 감시망을 피하기 위하여 그해 봄, 가족을 데
리고 해룡현 북산성자(北山城子)로 피신하였다.***

　　그러나 결국 임면수는 해룡현 북산성자에서 일본군 토벌
대에 체포되었다. 임면수는 정일택(鄭日澤), 한용기(韓元基), 이
용도(李用道)등과 함께 1920년 6월 12일 밤 해룡현 북산성자
삼도가(三道街)에 있는 김강(金剛)의 집에서 검거되었던 것이

---

* 　김주용, 「1910–20년대 남만주 친일조선인단체연구」, 『한국독립운동사연구』
　　24, 2005.
　　1925년 이후 일본 안동현 부영사였던 나혜서의 남편 김우영은 안동현에 본
　　부를 두고, 재만주 어용친일단체로 알려진 조선인회의 조직과 활동을 지원
　　하였다(전갑생, 「청구 김우영의 '정치적 활동'과 나혜석」, 『나혜석연구』2,
　　2013, 149쪽).
** 김주용, 위의 논문, 323쪽.
*** 　허영백, 「광복선열 고 필동임면수선생약사」, 1963년 2월 25일.

다. 혐의는 김강이 부재 중에 해룡현의 일본경찰관 및 그 부근에 거주하는 친일 조선인 등을 암살하고 남만철도연선에 거주하는 동지와 기맥을 통하여 아편의 밀수입을 통한 이익으로 상해임시정부에 송금하려 하였다는 것이다. 여기서 주목되는 것은 임면수가 1919년 3·1운동이후에도 지속적으로 일본경찰 및 친일조선인을 처단하는 작업을 전개하고 있었다는 점이다.

아울러 군자금을 마련하기 위하여 아편의 밀수입을 추진하고 있던 점도 주목된다. 당시 아편의 경우 만주지역에서도 한인들이 다수 이를 거래하였으며, 러시아 연해주 우수리스크 등지에서도 한인들에 의하여 다량의 아편이 재배되고 거래되고 있던 상황이었다.* 아울러 눈여겨볼 점은 임면수가 군자금을 마련하여 상해임시정부에 송금하려는 혐의로 체포되었다는 점이다. 이는 임면수가 상해임시정부를 지지하는 인물이었음을 보여주는 것이라고 볼 수 있다. 즉 기독교 사상을 가지고 있던 임면수는 공화제 정부를 내세우는 대한민국임시정부를 지지하는 인물로서 추정된다.

그렇다면 임면수는 당시 어느 단체의 소속이었을까. 임면

---

* 박강, 「러시아 이주 한인과 아편문제-우수리스크시 부근지역을 중심으로」, 『한국민족운동사연구』53, 2007.

수는 1910년대 지역적으로는 환인현, 유하현, 통화현 등 압록강 건너 지역인 서간도 지역에서 활동하였으며, 단체로는 경학사, 부민단, 신흥무관학교 등에서 활동하였다. 이러한 점을 고려해 본다면 임면수는 3·1운동이후 서로군정서(西路軍政署)와 한족회(韓族會) 등에서 활동하였을 것으로 보는 것은 자연스러운 귀결이다. 그리고 이들 단체들은 공화주의를 추구하며 대한민국임시정부를 지지하던 단체들이었다. 특히 임면수와 함께 활동하다 체포된 정동수(鄭東洙)의 다음의 기록에서 보는 바와 같이, 서로군정서의 이면 단체인 한족회에서 활동하였던 것이다.

> 정동수는 13세 때부터 형과 함께 만주에 건너와 이곳저곳을 편력하다 1916년 앞에 적힌 거주지에 거주하였으나 <u>1919년 4월부터 11월까지의 사이에 한족회의 구장대리로 일하며</u> 독립운동의 자금을 모집하고 또한 배일신문「신배달」을 취급하며 양민을 선전해 온 바 있으며 오늘날에는 구장의 대리, 신문의 취급 등은 하고 있지 않으나 암암리에 불령선인과 기맥을 통하여 독립운동을 기도, 조세(助勢)하여 당지방의 공안을 방해할 우려가 있다고 판단됨에 따름.[*]

서로군정서는 3·1운동 이후 서간도지역에서 조직된 무장

[*] 국가보훈처, 『만주지역 재류금지관계잡건』, 2009, 120-122쪽.

독립운동단체이다. 1919년 4월 초순 유하현 고산자에서 조직된 군정부가 대한민국임시정부에 참여함으로써 1919년 11월 개칭된 조직으로 군자금 모집·무장활동·선전활동 등을 활발히 전개하였다. 바로 임면수는 이러한 단체인 서로군정서에서 군자금 모금 활동을 전개한 것으로 보인다.

일제에 의해 체포된 임면수는 철령(鐵嶺)으로 압송되어 가던 중, 한국인 경찰 유태철(柳泰哲)의 도움으로 중국인 여관에서 번잡한 틈타 탈출에 성공하였다. 낮에 숨고 밤에 걷는 일정으로 14일만에 길림성 이통현(伊通縣) 고유수(孤楡樹) 한인 농촌 마을에 도착할 수 있었고, 그곳 박씨 집에 은둔하였다. 그 후 장춘을 거쳐 부여현에 도착하여 안승식(安昇植)의 도움으로 그의 집에서 겨울을 날 수 있었다. 그러나 1921년 2월경 길림시내에 잠입하여 활동 중 결국 밀정의 고발로 길림영사관에 체포되었다.*

임면수는 평양감옥에 압송되어 고문과 매로 전신이 마비된 후에야 비로소 고향으로 돌아 올 수 있었다.** 고향에 돌아온 임면수는 경제적으로 파산하여 병마에 시달리면서도 생계조차 유지할 수 없었다. 그러한 가운데 임면수는 1922년

* 허영백, 『광복선열 고 필동임면수선생약사』, 1963년 2월 25일.
** 허영백, 『광복선열 고 필동임면수선생약사』, 1963년 2월 25일.

8월 수원소작인상조회에 이사로 참여하는* 한편 1923년 3월에는 민립대학 설립발기인으로 활동하기도 하였다.**

1923년 5월 임면수는 삼일학교 건축물인 아담스기념관을 건립하는 감독으로 임명되었다.*** 그가 실제 어느 정도 이 일에 헌신하였는지는 알 수 없다. 그러나 수원으로 돌아온 임면수에게 수원의 종로교회 교인들과 삼일학교는 그의 성품과 신앙심을 믿고 그에게 경제적인 도움을 주기 위하여 감독을 맡긴 것****아닌가 짐작해 본다. 아담스기념관을 지으면서 임면수는 만주지역 신흥무관학교에서 학생들을 지도하던 그 당시를 그리며, 제2의 신흥무관학교로서, 민족학교로서 삼일학교를 건축하고자 심혈을 기울였을 것으로 보인다. 만주벌판에서 항일운동을 전개하던 그의 열기가 아담스기념관 즉 삼일학교에 그대로 투영된 것이 아닌가 판단된다. 결국 임면수는 1931년 1월 17일 58세의 나이로 순국하였다.

---

* 매일신보 1922년 8월 21일 〈수원소작지회설립〉주요 간부는 다음과 같다. 池河永(고문), 羅弘錫(회장), 崔楠(부회장), 禹成鉉(이사), 金稧鎬(이사), 李圭淳(이사), 李哲培(이사), 高仁寬(이사), 林冕洙(이사), 洪思先(이사), 池公淑(평의원), 李世煥(평의원), 李相殷(평의원), 權寧億(평의원), 尹龍熙(평의원), 柳基德(고문), 朴世陽(고문), 羅重錫(고문), 俞致尙(고문).
** 매일신보 1923년 3월 24일 〈民大 발기인, 앞으로 닷새밖에〉함께 활동한 인물은 다음과 같다. 정영진, 이휘룡, 송기호, 이종철, 윤흥수, 진규환, 정순종, 이규재, 박기영, 임면수, 윤희룡, 김세환, 강성수, 김탁, 주기진, 김하윤.
*** 아담스기념관 상량문 참조
**** 아담스기념관 방문에 看役員으로 표기되어 있다.

아담스기념관(삼일중학교 내)

■■ 임면수의 역사적 위상: 수원출신 만주지역 독립운동가

임면수는 1873년 6월 10일 수원군 수원면 북수리에서 임진엽과 송씨사이에 2남으로 출생하였다. 일찍이 향리에서 한문을 수학하였다. 그 후 한국이 근대화되자 근대적인 실용적인 학문에 관심을 갖고 수원 양잠학교에 입학, 1903년 졸업하였고, 일어공부를 위하여 화성학원에 진학, 1905년 4월 26

일 졸업하였다. 그리고 1904년 말부터 이듬해 초까지 수원에서 멕시코이민 모집 대리점을 운영하였다.

구한말 임면수는 수원지역의 대표적인 근대학교인 삼일학교의 설립에 기여하는 한편, 교감 및 교장을 역임하였다. 그리고 경기도지역 국채보상운동을 주도하였으며, 기호흥학회 수원지부 평의원으로도 활동하였다.

구한말 상동청년학원에서 활동한 그는 1910년 일제에 의해 조선이 강점되자 독립운동기지 건설을 위하여 1911년 2월 만주 서간도 환인현 횡도천으로 망명하였다. 그리고 그곳에 개교한 신흥무관학교 교장으로서 독립군 양성에 기여하였다. 1910년대 중반에는 부민단의 결사대에 속하여 활동하였으며, 3·1운동 이후 통화현에서 해룡현으로 근거지를 옮겨 항일투쟁을 계속 전개하다가 일제에 의해 체포, 투옥되었다.

임면수는 구한말에는 수원지역을 중심으로 계몽운동을 전개하였고, 1910년대에는 만주에서 항일운동을 활발히 전개하였던 인물이었다. 수원출신으로서 수원에서 활동하다 만주로 망명하여 활동한 독립운동가로서 임면수의 민족운동은 각별한 의미를 갖는다. 아울러 그는 일어학교 출신으로서 일본어에 능하였음에도 불구하고 국내외에서 활발한 독립운동을 전개하였다는 점에서 높이 평가된다.

제2장

잊혀진 신흥무관학교의
중심인물 임면수

■ 신민회의 독립기지건설론에 따라 만주로

필동 임면수는 구한말 수원지역의 대표적인 계몽운동가였다. 근대학교인 삼일학교의 설립자 중의 1인으로 학교 교육에 매진하는 한편, 경기도지역 국채보상운동을 주도하였을 뿐만 아니라, 기호흥학회 수원지부 평의원으로도 활동하였던 것이다. 그러나 조국이 점차 일제에 침탈당하자 그의 국권회복에 대한 의지는 수원지역사회에 한정되지 않았다. 그는 좀 더 큰 꿈을 갖고, 좀 더 많은 사람들을 바탕으로 조국을 구하기 위하여 자신의 활동지역을 서울로 이동하게 하였다. 그의 발걸음이 자신의 신앙의 중심축인 서울의 상동교회

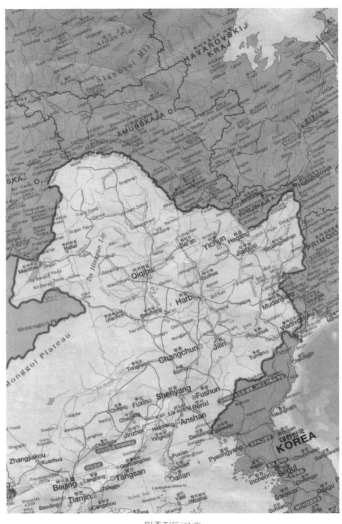

만주지도(현재)

와 상동청년학원으로 옮기게 된 것은 그의 성향으로 보아 자연스러운 귀결이라고 할 수 있다.

상동청년학원에서의 공부와 활동은 필동 임면수에게 있어서는 큰 변화였다. 전덕기목사를 통하여 그리고 이동휘, 이회영 등 상동교회와 상동청년학원을 중심으로 움직이는 수많은 지사들과의 만남은 그의 항일운동의 반경을 수원, 경기도를 벗어나 전국, 나가가 해외로 눈을 돌리게 하였던 것이다. 특히 임면수는 상동교회를 통하여 그의 신앙심은 더욱 굳어졌고, 그의 민족의식은 더욱 단단해지고, 민족운동은 더욱 치열하게 전개되게 되었던 것이다. 1910년 일제에 의해 조선이 강점되자 독립운동기지 건설을 위하여 1912년 2월 만주 서간도 환인현(桓仁縣) 횡도천(橫道川)*으로 망명하였다. 그의 이러한 계획은 상동청년학원에서 함께 한 동지들이 만든 신민회의 해외독립운동기지 건설의 일환으로 이루어졌을 것으로 보인다.

만주로 망명한 임면수는 1910년대 경학사, 부민단 등에서 활동하였다. 그의 경학사에서의 활동 기록은 별로 나타나고 있다. 다만 경학사가 해체된 이후 부민단에서의 활동, 특히

---

* 懷仁縣 恒道川, 회인현 興道川으로도 불리웠다.

1916년도 활동이 일본측 기록에서 집중적으로 보이고 있다. 이들 자료들을 바탕으로 볼 때, 만주지역에서의 임면수의 활동은 지역적으로는 통화현을 중심으로 교육활동, 객주업을 통한 독립군의 상호연락 및 지원활동, 결사대 활동 등으로 나누어 볼 수 있을 것 같다. 즉, 임면수는 통화현 합니하에 개교한 신흥무관학교인 양성중학교(養成中學校) 교장으로서 독립군 양성에 기여하였다. 1910년대 중반에는 객주업을 하면서, 부민단의 결사대에 속하여 활동하였다. 3·1운동에도 임면수는 결사대 활동을 전개하는 한편 일제의 간도출병으로 독립운동이 위축되자, 통화현에서 해룡현(海龍縣)으로 근거지를 옮겨 항일투쟁을 전개하다 일제에 의해 체포 투옥되었다.

지금까지 임면수에 대한 연구는 필자에 의하여 처음으로 개척적으로 진행되었다.* 임면수에 대한 기초적인 인적사항과 구한말 수원지역을 중심으로 계몽운동, 1910년대 만주에서의 항일운동 등이 그것이다.

이글에서는 이를 바탕으로 만주지역에서의 임면수의 활동을 보다 깊이 있게 다루어 보고자 한다. 특히 기존의 논고에서 임면수에만 초점을 맞추어 살펴봄으로써 임면수를 지나

---

* 박환, 「필동 임면수의 민족운동」, 『수원역사문화연구』3, 2013.

치게 미시적으로 살펴본 장단점이 있었다. 이에 여기에서는 만주지역 한인독립운동이라는 전체적인 시각에서 임면수의 독립운동을 그의 주변 상황과, 그의 동지들과 더불어 함께 파악하면서 검토해 보고자 한다. 이를 통하여 임면수의 역사적 위상을 보다 객관적으로 밝혀 볼 수 있지 않을까 한다.

■ 만주로의 망명 배경: 상동청년학원에서의 민족의식 확대와 동지들과의 교류

상동청년학원은 1905년 상동교회에서 설립해서, 운영한 중등부 과정의 교육기관이다. 상동교회 전덕기목사는* 초등교육기관인 공옥여학교와 공옥남학교 외에 중등부 과정의 청년학원을 설립하였다. 1904년 10월 미국교포 강천명(姜天命)이라는 사람이 그 때 돈 5원을 교육사업에 써달라고 부쳐옴으로써 학교 설립이 이루어졌다. 학교가 개학한 때는 1905년이었다. 전덕기 목사는 이 청년학원을 통하여 구국운동에

* 한규무, 「전덕기의 애국계몽운동」, 『나라사랑』 97, 외솔회, 1998.

헌신할 인재를 양성하고 투철한 민족정신을 키워주기 위하여 신앙교육과 함께 다양한 교육을 실시하였다. 교육내용은 한글보급운동·국사강의·외국어강의·군사훈련·신문화 수용과 전파·지도자의 자기 수양(종교훈련) 등을 가르쳤다.

상동청년학원을 통한 한글보급운동은 주시경(周時經)을 중심으로 활발히 전개되었다. 주시경은 1907년 7월 1일부터 상동 청년학원 학생들을 대상으로 여름방학을 이용하여 하기 국어강습회를 열어 국문법을 교수하였다. 그 교수 내용을 보면, 음학(音學)·자분학(字分學)·격분학(格分學)·도해학(圖解學)·변성학(變性學)·실용연습의 6과를 교수하였다. 또한 매주 일요일마다 주일예배 후 오후 2시부터 2시간 정도 정기적으로 상동청년학원 내에서 국어의 중요성과 과학성을 강조하며 가르쳤다. 1907년 11월부터 1909년 12월까지 상동청년학원 안에 국어야학과를 설치하고 국어문법을 가르쳤다. 또한 한국사와 한국지리, 그리고 교련시간을 강화하여 학생들에게 민족의식과 역사의식을 고취시켜 독립정신을 함양하는데 주력하였다. 특히 교련시간에 학생들은 목총을 메고 군가를 부르며 북소리에 맞추어 행진하였다고 한다.*

---

* 이명화, 「상동청년학원」『한국독립운동사사전』(독립기념관, 2004)
  이승만, 「샹동청년회의 학교를 셜시 홈」, 『신학월보』, 1904. 11 ; 송길섭, 『민

임면수의 상동청년학원에서의 공부에 대한 기록은 만주에서 독립운동을 전개한 허영백장로가* 작성한 임면수의 비문에 있다. 비문을 보면 다음과 같다.

당시 구한말 선생은 뜻한 바 있어, 수원에서 서울로 상경하였다. 상동감리교회 안에 설립되어 있는 청년학원에서 영어와 일어와 측량을 공부하면서 기독교에 입교하였다.
상동청년학원은 상동교회의 담임목사 전덕기 목사가 설립하였다. 당시 이곳은 기독교 중견인물들의 집합소이며 애국자들의 총 집합소였다. 임면수는 서울에 유학하면서 교회와 독립협회가 주최하는 강연회니 토론회니 정부탄핵 연설장이니 강습회니 빠짐없이 따라다니며 식견을 넓히고 인격 향상에도 노력하였다. 특히 강화에서 사학을 30여처나 설립하고 독립교육에 매진하고 있는 이동휘 씨의 감화를 많이 받았다. 그리하여 선생은 국가민족의 항로를 계몽하고 선도하는 지침이 오직 교육부터 라는 것을 절감하고 행리로 돌아와 신교육을 개척하고자 하였다.**

임면수가 감리교 계통의 기독교인이었던 점, 신민회의 일

족운동의 선구자 전덕기 목사』(상동교회 역사편찬위원회, 1979) ; 기독교 대한감리회 상동교회, 『상동교회일백년사』(1988) ; 한규무, 「상동청년회에 대한 연구」, 『역사학보』 126, 1990 ; 한규무, 「1900년대 서울지역 민족운동 동향」, 『한국민족운동사연구』 19, 1998.
* 『이강일기』(독립기념관 소장)에 허영백 장로에 대한 기록이 다수 등장하고 있다. 허영백은 1920년대 초 서간도지역에서 활동하였다.
** 『삼일학원65년사』, 삼일학원, 1968, 79−80쪽

환으로 추진된 만주 독립운동기지 건설 계획에 따라 이주한
점, 만주에서 상동청년학원 관계자들과 함께 활동한 점 등을
통해 볼 때 임면수가 상동청년학원에서 공부하였을 가능성
은 큰 것으로 보인다.

1905년 화성학교를 졸업한 임면수는 국권회복에 관심을
갖고 서울로 상경하여 상동청년학원에 다닌 것 같다. 이것은
임면수의 생애에 있어서 가장 큰 변화를 가져오는 계기가 된
것이 아닌가 한다. 특히 감리교 기독교 신자였던 그에게 있
어서 상동청년학원은 큰 자극제가 되었던 것이다. 또한 기독
교인이며 민족주의자였던 이동휘는 그의 민족의식형성과 활
동에 큰 감동을 주었던 것으로 보인다.

이동휘는 주지하는 바와 같이, 함남 단천사람으로 기독교
인으로서 계몽운동가였다. 그는 아전 이승교(李承橋)의 아들
로 1891년경 18세때 군수의 시중을 드는 통인(通人)으로 있
다가 상경하여 1895년 한성무관학교에 입학·수학한 뒤 육
군 참령(參領)까지 진급하였으며, 1902년부터는 강화도 진위
대장으로 활동하였다. 1906년 계몽운동에 투신하기 위해 군
직(軍職)을 사임한 뒤, 강화도에 보창학교(普昌學校)를 설립하
는 한편, 대한자강회의 결성에도 관여하는 등 민족주의 교육
과 구국계몽운동에 적극 노력하였다. 1907년 광무황제의 강

제 퇴위와 군대의 해산으로 대한제국이 준식민지화하자, 군동지였던 연기우(延基羽)·김동수(金東洙)등과 함께 강화도에서 의병을 일으켜 투쟁할 것을 모의하였으나, 광무항제의 헤이그밀사건에 관련된 혐의로 일경에 피체·유배되어 옥고를 치르던 중 미국인 선교사 벙커의 주선으로 그 해 10월 석방되었다. 석방 후 1908년 1월경 서북학회를 창립하는데 참여하는 한편, 이동녕·안창호·양기탁·이갑등과 더불어 비밀결사 신민회를 조직하여 계몽운동과 항일투쟁을 전개하던 인물이었다.*

1907년 4월에 창립된 비밀결사 신민회에 청년회 출신자들이 발기인으로 참여하여 신민회의 주요 인적 기반이 되어 새로운 활동을 모색하였다. 엄격한 회원 자격 심사를 거쳤던 신민회에 청년회원인 이동녕·이동휘·전덕기·김진호·김창환·여준·이관직·이시영·이준·이필주·이회영·정재관·조성환 등이 참가하고 있음을 볼 때 당시 상동청년회원들의 신임과 명망을 엿보게 한다. 일제의 탄압이 강화되자 상동청년회원 중에는 국내에서의 항일 투쟁의 한계를 느끼고 미주·만주·노령 등지로 이주하는 이들이 많았다. 1904년 무렵에는

* 반병률, 『성재 이동휘일대기』, 범우사, 1998.

박용만과 이승만은 미주로, 1906년 이상설·이동녕·정순만 등은 북간도 용정에 국외 최초의 민족주의교육학교인 서전 서숙을 운영하였고, 그후 우덕순·김희간·이동녕·이상설·정순만 등은 러시아 블라디보스토크로 가서 민족운동을 전개하였다.

1911년 김창환·여준·이관직·이동녕·이시영·이회영 등은 서간도로 이주하여 삼원보의 독립운동기지인 경학사와 사관양성소인 신흥강습소를 설립하였으며, 이동휘·장지영 등은 북간도 최대의 민족교육학교인 명동학교의 운영에도 참여하였다. 이처럼 상동청년회 인물들은 국외로 망명하여 독립운동 기지를 개척하고 각 교민 이주사회에 독립운동 단체를 결집하고 민족의식을 고취시키는 큰 역할을 하였다. 1910년 강제병합이 이루어지고 일제에 의해 '105인 사건'이 조작되어 애국지사들에 대한 대대적인 검거가 이루어졌을 때, 신민회에 가담하여 활동 중이었던 상동청년회 출신자들도 큰 고통을 치루었다.

▣ 환인현 횡도천으로

을사늑약이 체결된 이후, 일제의 침략이 더욱 노골화하던 1907년, 서울에서 안창호 · 양기탁 · 이회영 등을 중심으로 신민회라는 비밀 결사단체가 조직되었다. 이 단체에서는 1909년 봄에 일제에 의하여 한국의 멸망이 거의 확실시되자 국내에서의 민족 운동은 거의 불가능하다고 판단하였다. 그러므로 서울 양기탁의 집에서 이동녕 · 주진수 · 안태국 · 김구 등이 참석한 가운데 비밀 간부 회의를 개최하고 해외에 독립 기지를 건설할 것과 군관 학교를 설치할 것에 대하여 의논하게 되었다. 그 결과 서간도 지역의 한 지점을 택하여 그 지역에 동지들을 이주시키고 무관학교를 설립해서 독립군을 양성하기로 결의하였다.

임면수는 1910년 일제에 의해 조선이 강점되자 이 소식을 듣고 아연 질색하여 애통한 나머지 서울로 올라와 비밀히 신민회에 가입하고 양기탁씨 집에서 열리는 구국운동회의에 참여하여 신민회의 공결(公決)과 지시에 따라 모국을 떠나 만주에서 독립군을 양성하고자 하였다. 이에 그는 삼일학교를 나홍석에게 위탁하였다. 임면수는 극비리에 가족을 이끌고

1912년 2월 봉천성 환인현 횡도촌으로 망명하여 그곳에서 독립운동을 시작하였다.*

1912년 2월 추위가 아직 다 가시지 않은 늦겨울에 임면수는 부인 전현석과 함께 만주로 망명하였다. 수원에서 기차를 타고 신의주로, 신의주에서 다시 기차를 타고 안동으로 또는 신의주에서 하차하여 몰래 안동으로 건너갔을 것이다. 1910년 겨울에 만주로 망명한 우당 이회영의 부인 이은숙(李恩淑)은 당시 상황을 자신의 회고기, 『민족운동가 아내의 수기-서간도 시종기』(정음사, 1979)에서** 다음과 같이 기록하고 있다.

> (1910년) 8월 회초간(晦初間)에 회환(回還)하여 여러 형제들이 일시에 합력하여 만주로 갈 준비를 하였다. 비밀리에 전답과 가옥, 부동산을 방매(放賣)하는데, 여러 집을 일시에 방매를 하느라 이 얼마나 극난(極難)하리오. 그때만 해도 여러형제 집이 예전 대가의 범절로 남종좌비가 무수하고 군신좌석(君臣座席)이 분명한 시대였다. 한 집안 부동산 가옥을 방매해도 소문이 자자하고 하속(下屬)의 입을 막을 수 없는데다 한편 조사는 심했다. (중략) 팔도에 있는 동지들께 연락하여 1차로 가는 분들을 차차로 보냈다. 신의주에 연락기관을 정하여 타인보기에는 주막으로 행인에게 밥도 팔고 술도 팔

---

* 허영백, 『광복선열 고 필동임면수선생약사』, 1963년 2월 25일.
** 다음의 책도 이와 관련하여 참조된다. 구술 허은, 기록 변창애, 『아직도 내 귀엔 서간도 바람소리가』, 민족문제연구소, 2010.

왔다. 우리 동지는 서울에서 오전 8시에 떠나서 오후 9시에 신의주에 도착, 그 집에 몇시간 머물렀다가 압록강을 건넜다.

국경이라 경찰의 경비 , 철통같이 엄숙하지만, 새벽 3시쯤은 안심하는 때다. 중국 노동자가 江氷에서 사람을 태워가는 썰매를 타면, 약 2시간만에 안동현에 도착한다. 그러면 이동녕씨 매부 이성구씨가 마중나와 처소로 간다. 안동현에는 우당장(우당 이회영-필자 주)이 방을 여러군데, 여러동지들 유숙할 곳을 정하여 놓고 국경만 넘어가면 준비한 집으로 가 있게 하였다.

위에서 보는 바와 같이, 임면수도 수원에서 재산을 처분하고, 수원에서 기차를 타고, 신의주로, 신의주에서 다시 압록강을 건너 안동현으로 이동하였을 것이다. 그때 압록강을 건너 나라를 떠나는 임면수지사의 마음이 오직하였겠는가. 서울의 우당 이회영,* 안동의 석주 이상룡,** 백하 김대락*** 등 여러 동지들은 여러 일가친척들이 함께 이동을 하였지만, 필동 임면수는 부인 전현석과 더불어 홀연히 고향 산천 수원을 떠나 만주 대륙으로 향하였던 것이다.

압록강을 건너 안동현으로 이동한 임면수는 횡도천으로

*   박환, 「이회영과 그의 민족운동」, 『만주한인민족운동사연구』, 일조각, 1991.
** 안동독립기념관 편, 『국역 석주유고』, 2008.
*** 안동독립운동기념관 편, 『국역 백하일기』, 2011. 백하 김대락의 경우 1911년 1월 6일 서울을 출발하여 임면수와 마찬가지로 신의주, 안동, 항도천, 삼원포로 향하였던 것이다.

향하였다. 이곳이 우당 이회영 등 신민회계열이 임시 거처로 정한 곳이였기 때문이 아닌가 한다. 이은숙의 기록을 다시 보기로 하자.

임시로 정한 횡도천으로 향하였다(중략). 안동현에서 횡도천은 500리가 넘는지라. 입춘이 지났어도 만주 추위는 조선 대소한(大小寒) 추위 비(比)치도 못하는 추위이다. 노소 없이 추위를 참고 새벽 4시만 되면, 각각 정한 차주(車主)는 길을 재촉해 떠난다. 채찍을 들고 〈어허!〉소리 하면 여러 말들이 고개를 치켜들고 〈으흥!〉소리를 하며 살같이 뛴다. (중략) 갈수록 첩첩산중에 천봉만학은 하늘에 닿을 것 같고, 기암괴석 봉봉의 칼날 같은 사이에 쌓이고 쌓인 백설(白雪)이 은세계를 이루었다. 험준한 준령이 아니면 강판 얼음이 바위같이 깔린 데를 마차가 어찌나 기차같이 빠른지, 그중에 채찍을 치면 더욱 화살같이 간다.

이은숙의 기록을 통하여 당시 안동현에 도착한 임면수 부부가 환인현 횡도천으로 이동해 가는 모습을 상상해 볼 수 있다. 산천을 보며, 추위를 느끼며, 자신의 미래에 대하여 여러 것을 고민해 보았을 것이다. 또한 망설임도 계속되었을 것이다. 이은숙은 안동현에서 7-8일만에 횡도천에 도착하였음을 다음과 같이 술회하고 있다.

7-8일만에 횡도천에 도착하여 시량(柴糧)은 넉넉하나, 5간 방자
(房子)에 60명 권속이 한데모여 나라다 큰 잔치집 같이 수런수런
수란(愁亂)하게 몇일을 지냈다.

　횡도천은 멀리 고구려의 수도였던 졸본성이 바라 보이는
곳이다. 졸본성의 웅장함을 바라보며 임면수는 옛 영광을 새
롭게 부활시킬 것을 굳게 다짐하였을 것이다. 횡도천은 고구
려의 옛터였을 뿐만 아니라, 환인현성에서도 멀리 떨어지지
않아 교통이 편리한 곳이다. 다만 계곡은 깊지만, 넓지 않아
독립운동가들 다수가 정착하기에는 그리 좋은 곳은 아니라
고 판단된다.

　1999년에 횡도천을 답사한 필자는 졸저인 『만주지역 항일
독립운동 답사기』(국학자료원, 2001) 351쪽에서 다음과 같이 서
술하고 있다.

　횡도천은 지도상에 나타나지 않아 환인현 현성에 들어와 물어물어
갈 수밖에 없었다.(중략) 횡도천까지는 험한 높은 산길의 연속으로
환인현성에서 2km정도 떨어져 있었다.봉명산(鳳鳴山)의 신령(新嶺)
고개를 거쳐 산으로 40분 정도가니 첩첩산중 속에 횡도촌이 나타
났다. 산골짜기 아래 있는 마을로 지금은 일부 한족마을 50호 정
도만 남아있고, 모두 환인저수지(일면 훈강저수지)에 잠겨 있었다.
이 저수지는 지금부터 30-40년전에 생겼으며, 당시 전체 500-

600호 정도 중에 우리 동포 100호 정도가 살았다고 한다.

이곳 횡도천에는 독립운동가들이 다수 거주한 것으로 보인다. 강화도의 학자 이건승 등도 있었다. 이건승은 1910년 12월 1일 압록강를 건너, 12월 7일부터 이곳에 우거하였다.* 1911년 5월에 망명 온 박은식도 1912년 3월까지 대종교 3대 교주가 되는 윤세복의 집에 거처하였다.** 윤세복은 1911년 음력 2월 만주로 망명하여, 동년 음력 5월에 환인현에 동창학교를 설립하여 민족의식 고취에 기여하였다.*** 그리고 경북 안동의 석주 이상룡도 도착하였다.****

■ 유하현 삼원포로의 이동과 정착

만주로 망명한 임면수 역시 우당 이회영 등 동지들과 함께 행동하였을 것으로 보인다. 우당 이회영 등 신민회 동지들은 무관학교를 설립하고 군사를 양성하기 위하여 유하현으로 이동하였을 것으로 보인다. 우당 이회영은 1911년 1월 28일

* 이은영, 「20세기 초 유교지식인의 망명과 한문학-서간도 망명을 중심으로」, 2012년 성균관대학교 한문학과 박사학위 청구논문, 18-19쪽.
** 이은영 앞의 논문, 237쪽.
*** 조준희, 「단애 윤세복의 민족학교 설립 일고찰」, 『선도문화』8, 2010, 99쪽.
**** 정병석, 「일제 강점기 경북 유림의 만주 망명일기에 보이는 현실인식과 대응-백하일기와 서사록을 중심으로」, 『민족문화논총』58, 2014, 99쪽.

유하현으로 향하였다. 이 부분에 대하여 이은숙은 다음과 같이 구술하고 있다.

> 유하현은 5,6백리나 되는데, 2월 초순에 도착하였다. 추지가(鄒之家)라는 데는 추가성이 여러 대를 살아서 그곳 지명이 추지가라 하는 곳으로, 가서 3간방을 얻어 두집 권속이 머물렀다. 이곳은 첩첩산중에 농사는 강냉이와 좁쌀, 두태고, 쌀은 2, 3백리 나가 사오는데 제사에나 진미를 짓는다. 어찌 쌀이 귀한지 아이들이 저희들이 이름짓기를, 〈좋다밥〉이라고 하더라.[*]

한편 경북 안동의 석주 이상룡, 그의 처남 안동의 김대략 등도 앞을 다투어 그곳에 도착하엿다. 김대락의 경우 1911년 4월 10일에 도착한 것으로 기록되고 있다.[**]

1911년 봄에 만주 유하현 삼원보 추가가에서 자치기관으로서 경학사를 만들고,[***] 독립군을 양성하기 위하야 1911년 6월에[****] 농가 2칸

우당 이회영

---

* 이은숙, 위의 책, 20쪽.
** 정병석, 「일제 강점기 경북 유림의 만주 망명일기에 보이는 현실인식과 대응—백하일기와 서사록을 중심으로」, 『민족문화논총』58, 2014, 96쪽.
*** 경학사를 1912년 여름에 해산하였다고 하고 있다(신한민보 1940년 6월 13일 이동녕사력(3)
**** 신한민보 1915년 12월 23일 신흥강습소 정형(1)

유하현 삼원포

을 빌어서* 신흥강습소를 만들었다. 그런데 추가가는 지리적으로 교통이 편리하고 사람과 말의 왕래가 잦아 독립 운동 기지로서는 적당하지 못하였다. 반면에 통화현 합니하는 동남쪽으로는 고뢰산(古磊山)이 30리 거리에 있고, 북쪽으로는 청하지(淸河子)의 심산 유곡이 있으며 남서쪽으로 폐가동(閘家洞)의 장산밀림(長山密木)이 펼쳐져 있는 준엄한 곳이었다. 그러므로 신흥강습소를 합니하로 이전하였다. 합니하로 이전한 신흥강습소는 교직원 및 학생들의 노력 봉사로 1913년 5월에 교사 낙성식을 갖고 학교 명칭을 '신흥중학'으로 개칭하였다.**

1913년 봄에 학교가 이전된 뒤 황림 초원에 수만 평의 연병장과 수십 간의 내무실 내부 공사는 전부 생도들 손으로 이루어졌다. 그리고 동년 5월에는 그동안 열망하던 교사 낙성식이 있었다. 이로부터 통화현 합니하는 우리 독립군 무관

---

* 위와 같음
** 박환, 「만주지역의 신흥무관학교」, 위의 책, 328-331쪽.

양성의 대본영이 되고 구국 혁명의 책원지로서의 새 면모를 갖추게 되었다.* 신흥중학교는 1914년에 거듭되는 천재(天災)로 인하여 그 운영이 어렵게 되었다. 그러므로 둔전병제도를 통하여 학교의 재정을 충당하고자 하였다.

임면수는 만주지역의 상황이 열악해 지자, 동포들을 순방하면서 신흥무관학교 유지비를 염출하기 위해 영하40도 되는 한파 적설을 무릅쓰고 썩은 좁쌀 강냉이 풀나무 죽으로 연명하면서 군사훈련비를 조달하기에 심혈을 다하였다.

■ 신흥무관학교인 양성중학교 교장으로 활동

양성중학교는 통화현 합니하 남구4차(南溝四岔)에 설립한 기독교계 학교이다. 처음에는 대동(大東)중학교로 불리다가 신흥학교로 잠시 개칭한 뒤, 다시 1915년 4월에 양성중학교로 개명하였다.

양성중학교는 수업료를 징수하지 않았고 공비(公費)는 각

---

* 허영백, 『광복선열 고 필동임면수선생약사』, 1963년 2월 25일.

| 71

자 각출하는 방식으로 운영되었다. 학생의 연령은 주로 15세에서 18세였다. 교과목은 중등교과 산술·국어문전·고등소학독본·신정 산술·최신 고등학 이과서·교육학·대한신지지·초등윤리학·신선박물학·중등산술·신선이화학·유년필독·보통경제학·윤리학교과서·대한국사·사범교육학·신편화학·중등용기법·중등생물 등이었다.

서북간도지역에서 전개된 교육구국운동은 독립전쟁론에 기초한 독립운동의 한 방향에서 이루어졌다. 그러므로 학교 운영자들은 독립전쟁을 수행하기 위한 독립군을 양성해야될 중차대한 목적이 있었기 때문에 민족교육의 여러 과목 중에서도 특히 국사교육을 중시하였다. 서북간도 민족학교에서 사용한 역사교과서는 구한말에 편찬된 망국사·건국사·국난극복사 등의 교재를 이용하였다. 양성학교의 국사교과서로 사용한 『유년필독』은 1907년 현채에 의하여 발간된 아동용 역사교과서인데 그 내용은 인문·지리까지 포함하고 있으며, 국민의 권리·본분 등이 강조되었고, 일제에 의해 압수된 출판물 중 가장 많은 부수를 차지하였다.

서간도에 경학사를 설립한 이상룡을 비롯하여 박은식·신채호·김교헌 등이 서간도 지역에서 역사를 담당했던 사실을 고려해 볼 때 당시 각 학교의 역사교육은 애국계몽운동 계열

통화현 합니하 신흥무관학교터

의 영향을 받았던 것으로 보인다. 양성중학교의 교장은 임필
동이었으며, 교수(校首) 이세영, 교사는 차정구·김장오·사인
식·이문학·신기우·윤진옥, 재무감독은 이동녕이었다.

한 연구자는 신흥무관학교가 일제에 노출되는 것을 피하
기 위해 다른 이름을 사용했으며, 신흥무관학교에 대한 교육
내용과 주요 정보를 은폐하는 과정 속에서 다른 이름으로 불
리웠을 가능성을 조심스럽게 제기하고 있다. 따라서 이러한
견해를 참고한다면, 양성중학교는 신흥무관학교와 사실상

같은 학교였을 가능성이 크다.*

임면수는 1910년대 중반 만주 통화현 합니하에 설립된 민족학교인 양성중학교 교장으로 활동하였다. 일찍이 1909년 수원에서 삼일학교의 교장으로서 근대민족교육을 실천했던 경험이 큰 도움이 되었을 것으로 보인다. 양성중학교는 처음에는 대동중학교에서 출발하여 신흥학교로 교명을 개칭하였다가 다시 양성중학교로 개명하였다. 그가 교장으로 일했던 양성중학교에 대하여는 강덕상편,『현대사자료』27 조선3, 160-161면(1916년 12월 조사)에 잘 나타나 있다.

양성중학교
합니하 남구 4차(哈泥河 南溝 四岔)
배일주의
1915년 4월 양성이라고 개칭
교장 임필동
교수(校首) 이세영(李世英)
교사 차정구(車貞九) 김장오(金長五) 사인식(史仁植) 이문학(李文學) 신기우(申基禹) 윤진옥(尹振玉), 재무감독 이동녕(李東寧)
기숙생21, 통학생 41 학생 연령 15세부터 28세까지
중등교과산술, 국어문전, 고등소학독본, 신정(新訂)산술, 최신고등학리과서 교육학 대한신지지 초등윤리과, 신선(新選)박물학, 중

등산술 신선이화학(新選理化學), 유년필독, 보통경제학, 윤리학교
과서 대한국사, 사범교육학 신편화학 중등용기(中等用器)법 중등생
리학
종래의 유지법을 일변해서 생도의 공비(公費) 등은 각자 지불하게
하고 단지 수업료는 없음
처음에 대동중학교라고 칭하다가 후에 신흥학교라고 고쳤다가 다
시 양성중학교라고 개칭

　양성중학교는 합니하 남구 4차에 위치하고 있었다. 합니하
의 경우 1910년대 전반기 신흥무관학교가 설립되어 민족교육
의 산실로서 그 역할을 다하고 있던 항일운동의 요람이었다.
아울러 교수로 일하고 있는 이세영과 재무감독 이동녕 등은
신흥무관학교의 실질적인 중심인물들이었다. 이로 볼 때 양
성중학교는 제2의 신흥무관학교라고 할 수 있을 것이다.
　양성중학교에서는 학생들에게 국어문전, 대한신지지, 대한
국사, 유년필독 등을 통하여 한글, 한국사, 한국지리 등을 가
르쳐 민족의식 고취에 기여하고자 하였다.

■ 신흥무관학교 교장으로서 독립군 양성에 기여

구한말 상동청년학원에서 활동한 임면수는 1910년 일제에 의해 조선이 강점되자 독립운동기지 건설을 위하여 1912년 2월 만주 서간도 환인현 횡도천으로 망명하였다. 그리고 그곳에 개교한 양성중학교 교장으로서 독립군 양성에 기여하였다. 1910년대 중반에는 부민단의 결사대에 속하여 활동하였으며, 3·1운동 이후 통화현에서 해룡현으로 근거지를 옮겨 항일투쟁을 전개하다가 일제에 의해 체포, 투옥되었다.

임면수의 만주지역으로 망명은 신민회의 독립운동기지건설의 일환으로 이루어졌다. 그러므로 임면수의 만주망명 부분은 이회영 등 6형제, 이상룡, 김동삼 등 경북 안동 출신 등과 같은 맥락에서 평가되어야 할 것이다. 일부 기록에 따르면, 임면수는 신민회의 경기도 대표로서 만주망명에 기여한 것으로 되어 있다. 따라서 경기도 출신들의 만주망명과 임면수의 상호관계에 대하여도 앞으로 보다 깊은 천착이 있어야 할 것으로 보인다.

임면수의 망명 부분과 관련하여 그의 부인 전현석과 아이들 문제도 아울러 검토될 필요가 있다. 임면수 망명 당시 제적부에는 2남 2녀였다. 임우상(林禹相, 1892년생, 남), 임학이(學姒, 1903년생 여), 임교이(交姒, 1906년생, 여), 임덕상(德相, 1907년생, 남) 등이 그들이다. 임면수, 전현석 등이 사망한 이후의 제적부에는 이름과 나이 등에 약간의 차이를 보이고 있다. 2남 3녀로서 장녀 임도상(林道相,1903년생), 차녀 임혜상(林惠相, 1906년생), 장남 임인상(林仁相, 1909년생), 차남 임일상(林日相, 1911년생), 3남 임문상(林文相, 1914년생) 등이다. 위를 통하여 볼 때, 임면수가 만주로 망명할 당시 자녀들은 대부분 어린 나이였다. 이를 고려한다며 임면수의 만주망명이 얼마나 큰 모험이며, 고난이었겠는가를 미루어 짐작할 수 있다. 또한 만주에서의 망명생활 역시 간단한 일이 아니었을 것이다.

임면수가 만주에서 활동한 주요 지점은 환인현 횡도천, 유하현 삼원포, 통화현 합니하, 해룡현 등지였다. 이를 통해서 볼 때, 임면수는 서간도지역의 대표적인 독립운동 단체들인 경학사, 부민단, 서로군정서(한족회), 신흥무관학교 등이 있던 지역에서 활동했음을 짐작해 볼 수 있다.

임면수의 만주지역에서의 활동 중 가장 주목되는 것은 양성중학교 교장으로 활동하였다는 점일 것이다. 양성중학교는 신흥무관학교의 별칭으로 인정된다. 이 학교의 교장으로 활동하게 된 이유는 수원 삼일학교에서의 교육사업 경험이

밑바탕이 된 것으로 판단된다.

결국 임면수는 수원출신 기독교인으로서 만주지역에서 교육운동과 무장투쟁을 함께 전개한 대표적인 민족운동가라고 할 수 있겠다.

노동하면서, 훈련받는 신흥무관학교 학생들

제3장

임면수의 만주지역 독립운동과 객주업

■ 객주업을 통하여 독립운동을 전개

1910년대 만주에서 활발히 독립운동을 전개하던 임면수는 1921년 2월 경 길림 시내에 잠입하여 활동 중 결국 밀정의 고발로 길림일본영사관에 체포되었다.* 그후 평양감옥에 압송

---

* 허영백, 『광복선열 고 필동임면수선생약사』, 1963년 2월 25일. 저자인 허영백은 1910-20년대 만주에서 전도사로 활동한 인물이다. 그의 행적에 대하여는 해방 이전 기록은 조선중앙일보 1933년 8월 3일자 〈허영백씨 환향〉에서 대략적으로 살펴볼 수 있다. 이에 따르면 지금부터 22년 전 에 부득이한 사정으로 고향인 진남포를 떠나 황량한 만주땅의 나그네가 되어 남북만주를 답섭하면서 토지를 개간하고 농업을 일으키며 00도탄에 빠진 동포들을 구제하기에 온전히 전반생을 희생한 허영백(許英伯)씨는 지난 29일 오후 7시 정든 고향인 진남포에 도착하였다. 씨는 예수교감리회파 전도사가 되어라고 보도되고 있다. 아울러 독립기념관에 소장되어 있는 독립운동가 이강이 해방 후 작선한 『이강일기』에도 자주 등장한다. 그러므로 허영백은 해방이전 만주에서 임면수를 만났을 개연성이 크므로 그가 작성한 임면수선생약사는

되어 고문과 매로 전신이 마비된 후에야 비로소 고향으로 돌아 올 수 있었다.*

고향에 돌아온 임면수는 경제적으로 파산하여 병마에 시달려 생계조차 유지할 수 없었다. 그러한 가운데 임면수는 1922년 8월 수원소작인상조회에 이사로 참여하는** 한편 1923년 3월에는 민립대학 설립발기인으로 활동하기도 하였다.*** 또한 1923년 5월에는 삼일학교 건축물인 아담스기념관을 건립하는 감독으로 임명되었다.**** 그가 실제 어느 정도 이일에 헌신하였는지는 알 수 없다. 그러나 수원으로 돌아온 임면수에게 수원의 종로교회 교인들과 삼일학교는 그의 성품과 신앙심을 믿고 그에게 경제적인 도움도 주기 위하여 감독을 맡긴 것은***** 아닐까 짐작해 본다.

결국 임면수는 수원에서 1931년 1월 17일 순국하여 세류동 공동묘지에 안장되었다.****** 1964년 임면수 탄생 90주년을 맞이하여 수원시 및 수원시민, 삼일학원 및 동창회 등의 후원으로 수원시 주최 고 필동 임면수선생 추도식을 거행하여 기

어느 정도 신빙성이 있는 자료가 아닌가 판단된다.
* 허영백, 『광복선열 고 필동임면수선생약사』, 1963년 2월 25일.
** 매일신보 1922년 8월 21일 〈수원소작지회설립〉
*** 매일신보 1923년 3월 24일 〈民大 발기인, 앞으로 닷새밖에〉
**** 아담스기념관 상량문 참조
***** 아담스기념관 빙문에 看役員으로 표기되어 있다.
****** 김세한, 『삼일학원65년사』, 1968, 83쪽

념비를 제작하고 세류동 공동묘지에서 삼일학교 내 동산에 이장하여 안장하였다. 그리고 1990년 정부에서 건국훈장 애족장 추서와 더불어 대전 국립현충원에 안장되었다.

임면수는 구한말에는 경기도지역을 중심으로 계몽운동을 전개하였고, 1910년대에는 만주에서 항일운동을 활발히 전개하였던 인물이었다. 그 중 특별히 주목되는 것은 임면수가 독립운동의 일환으로 객주업을 하며, 독립운동을 전개하였다는 사실이다. 임면수는 만주에 의성잔이라는 일종의 여관을 설립하고 독립운동의 연락거점 및 『신흥학우보』 등 선전문 배포기관으로 활용하였던 것이다. 이는 구한말 수원에서 한국인의 멕시코 이민대리점을 운영하였던 경험 등이 토대가 된 것이 아닌가 추정된다.

이글에서는 임면수의 활동 중 만주 특히 서간도 지역에서의 활동을 객주업을 중심으로 알아보고자 한다. 그러나 자료가 제한되어 있고, 객주업과 관련된 연구들도 없기 때문에 시론적 차원임을 밝혀둔다.

임면수 묘(세류동 공동묘지)

신의주

■ 망명시 연락거점에 대한 인식—신의주에서 환인현 횡도천
　으로

　임면수가 만주지역에 연락거점을 두어야겠다는 인식은 신
민회에서 싹튼 것이 아닌가 한다. 신민회의 독립전쟁론에 따
라 만주로 이동한 지사들은 일단 모두 신의주에 모여 압록강
을 도강할 준비를 하였다. 이때 동지들을 맞이할 적절한 거
점이 없다면 사실 이것은 불가능하였을 것이다. 임면수의 경
우 1905년 수원에서 멕시코로 이주하는 동포들을 모으는 연
락거점을 한 적이 있었다. 이는 임필동에게 큰 도움을 주었
을 것이다. 이를 보다 구체적으로 알아보기로 하자.

　을사늑약이 체결된 이후, 일제의 침략이 더욱 노골화하
던 1907년, 서울에서 안창호 · 양기탁 · 이회영 등을 중심으
로 신민회라는 비밀 결사단체가 조직되었다. 이 단체에서는
1909년 봄에 일제에 의하여 한국의 멸망이 거의 확실시되자
국내에서의 민족 운동은 거의 불가능하다고 판단하였다. 그

압록강 철교

러므로 서울 양기탁의 집에서 이동녕 · 주진수 · 안태국 · 김구 등이 참석한 가운데 비밀 간부 회의를 개최하고 해외에 독립 기지를 건설할 것과 군관 학교를 설치할 것에 대하여 의논하게 되었다. 그 결과 서간도 지역의 한 지점을 택하여 그 지역에 동지들을 이주시키고 무관학교를 설립해서 독립군을 양성하기로 결의하였다.

임면수는 1910년 일제에 의해 조선이 강점되자 이 소식을 듣고 아연 질색하여 애통한 나머지 서울로 올라와 비밀히 신민회에 가입하고 양기탁씨 집에서 열리는 구국운동회의에 참여하여 신민회의 공결(公決)과 지시에 따라 모국을 떠나 만주에서 독립군을 양성하고자 하였다. 만주에서 독립운동을 전개한 김승학(金承學)이 작성한 『한국독립사』에 따르면, 이

때 임면수는 경기도지역의 대표로 활동하였다고 한다.* 만주로 망명 당시 임면수는 삼일학교를 나홍석(羅弘錫)에게 위탁하였다. 임면수는 극비리에 가족을 이끌고 1912년 2월** 봉천성 환인현 횡도촌으로 망명하였다.*** 추위가 아직 다 가시지 않은 늦겨울에 임면수는 부인 전현석(全賢錫, 1871년생)과 아이들 2남 2녀와 함께 하였던 것이다. 수원에서 기차를 타고 신의주로, 신의주에서 다시 기차를 타고 안동(현재 단동)으로 또는 신의주에서 하차하여 몰래 안동으로 건너갔을 것이다. 1910년 겨울에 만주로 망명한 우당 이회영의 부인 이은숙(李恩淑)은 당시 상황을 자신의 회고기, 『민족운동가 아내의 수기-서간도 시종기』(정음사, 1979)에서**** 다음과 같이 기록하고 있다.

(1910년) 8월 회초간(晦初間)에 회환(回還)하여 여러 형제들이 일시에 합력하여 만주로 갈 준비를 하였다. 비밀리에 전답과 가옥, 부동산을 방매(放賣)하는데, 여러집을 일시에 방매를 하느라 이 얼마나 극난(極難)하리오. 그때만 해도 여러형제 집이 예전 대가의 범절로

* 김승학, 『한국독립사』하권, 독립문회사, 1970, 247쪽.
** 임면수 제적부에 명치 45년(1912년) 2월 支那 서간도로 전부 출가로 기록되어 있다.
*** 허영백, 『광복선열 고 필동김면수선생약사』, 1963년 2월 25일.
**** 다음의 책도 이와 관련하여 참조된다. 구술 허은, 기록 변창애, 『아직도 내 귀엔 서간도 바람소리가』, 민족문제연구소, 2010.

남종여비가 무수하고 군신좌석君臣座席이 분명한 시대였다. 한 집안 부동산 가옥을 방매해도 소문이 자자하고 하속下屬의 입을 막을 수 없는데다 한편 조사는 심했다. (중략) 팔도에 있는 동지들께 연락하여 1차로 가는 분들을 차차로 보냈다. 신의주에 연락기관을 정하여 타인보기에는 주막으로 행인에게 밥도 팔고 술도 팔았다. 우리 동지는 서울에서 오전 8시에 떠나서 오후 9시에 신의주에 도착, 그 집에 몇 시간 머물렀다가 압록강을 건넜다.

국경이라 경찰의 경비, 철통같이 엄숙하지만, 새벽 3시쯤은 안심하는 때다. 중국 노동자가 강수江水에서 사람을 태워가는 썰매를 타면, 약 2시간만에 안동현에 도착한다. 그러면 이동녕씨 매부 이성구씨가 마중나와 처소로 간다. 안동현에는 우당장(우당 이회영-필자주)이 방을 여러 군데, 여러 동지들 유숙할 곳을 정하여 놓고 국경만 넘어가면 준비한 집으로 가 있게 하였다.

위에서 보는 바와 같이, 임면수도 수원에서 재산을 처분하고, 수원에서 기차를 타고, 신의주로, 신의주에서 다시 압록강을 건너 안동현으로 이동하였을 것이다. 그때 압록강을 건너 나라를 떠나는 임면수의 마음이 오직 하였겠는가. 서울의 우당 이회영,* 경북 안동의 석주 이상룡(李相龍),** 백하 김대락(金大洛)*** 등 여러 동지들은 여러 일가 친척들이 함께 이

---

* 박환, 「이회영과 그의 민족운동」, 『만주한인민족운동사연구』, 일조각, 1991.
** 안동독립기념관 편, 『국역 석주유고』, 2008.
*** 안동독립운동기념관 편, 『국역 백하일기』, 2011. 백하 김대락의 경우 1911년 1월 6일 서울을 출발하여 임면수와 마찬가지로 신의주, 안동, 항도

동을 하였지만, 필동 임면수는 부인 전현석과 더불어 홀연히 고향 산천 수원을 떠나 만주 대륙으로 향하였던 것이다.

이때 임면수는 신의주와 안동에 있는 객주집들과 상점 등 연락거점들을 유심히 보았을 것으로 추정된다.* 아울러 인접 용인에서 서간도지역으로 망명하여 안동현 등지에서도 활동하고 있던 맹보순,** 김혁*** 등과의 교류도 추진했을 가능성도 있으나 구체적인 자료들이 보이지 않고 있다.

―――

천, 삼원포로 향하였던 것이다.
* 안동현지역의 연락거점들과 관련하여서는 서동일의 다음 논문이 참조된다.
　서동일, 「1910년대 중국 안동 성신태 상점 설립과 독립운동 지원」, 『사림』 56, 수선사학회, 2016.
　서동일, 「1910년대 한인의 안동 이주와 접리수 한인촌 형성」, 『韓國史研究』 171, 2015.
** 맹보순에 대한 논문으로는 다음 논문들이 참조된다.
　박성순, 「孟輔淳의 『東田文集』편찬과 잊혀진 獨立運動史」, 『東洋古典研究』 65, 2016.
　서동일, 「유림의 만주 이주와 신흥무관학교 설립」, 『崇實史學』 45, 2020.
　서동일, 「1910년대 일본의 재만 조선인 회유와 유교 지도자의 귀국」, 『한국근현대사연구』 108, 2024.
*** 박환, 「김혁의 민족의식 형성과 민족운동」, 『한국독립운동사연구』 19, 독립기념관 한국독립운동사연구소, 2002.
　박환, 「만주지역에서의 金赫의 민족운동 전개」, 『만주지역 한인민족운동의 재발견』, 국학자료원, 2014.

■ 부민단 산하 통화현 독립군의 연락소: 객주업 운영

▣ 객주업 운영, "유력자"(1914년)

압록강 조선기와집

만주지역에서 부민단원으로 활동할 때, 임면수에 대한 기록은 거의 임필동이란 이름으로 등장하고 있다. 불령단관계잡건 재만주부 1914년 12월 28일 〈불령자처분〉자료의 별첨자료 〈서간도재주 불령선인조사〉 총 54명 중에 보면 임면수는 다음과 같이 기록되어 있다.

재주지(在住地): 통화현
원적지: 경기 수원
성명: 임필동
연령 추정: 50
비고: 객주업을 하는 유력자*

***

* 국사편찬위원회, 『한국독립운동사자료』 39(중국동북지역편 1, 2003), 481쪽.

위의 일본측 자료에는 통화현, 유하현, 환인현, 해룡현 등
지에 총 54명의 독립운동가가 거주하는 것으로 되어 있다.*
이를 보면 다음과 같다

　　통화현 합니하: 이시영 6형제(李始榮, 이회영, 이석영, 이철영, 李時榮,
　　이호영), 여준, 윤기섭, 김창환, 이규봉, 이동녕, 김동삼, 강모?,
　　장한순 3형제(장한순, 장유순, 장도순), 김형식
　　통화현 청구자: 권중엽
　　통화현 고랍자: 권중철
　　통화현 대항도자: 정승철
　　<u>통화현: 이계동, 조중세, 김필순, 이태준, 임필동, 김상준.</u>
　　통화현 추가가: 방기전, 김칠순, 이윤옥, 김창무, 이시중, 왕삼
　　덕, 안동식, 이상룡.
　　통화현 쾌당모자: 최시명.

　　유하현 남산천: 김대락, 주진수, 申모.
　　유하현: 임화동.
　　유하현 이미: 배인환, 배용택.
　　유하현 삼원포: 방일의, 유창근.
　　해룡현 간포: 이상희, 이봉희, 이준형, 이승휘, 이문희.
　　환인현(회인현) 항도천: 홍승국, 조택제, 김윤혁, 홍참판, 정참판,
　　윤창선.

*　국사편찬위원회, 『한국독립운동사자료』 39, 480-482쪽.

위에서 보는 바와 같이 1914년 당시 독립운동가들은 주로 통화현, 유하현, 해룡현, 환인현 등지에서 활동하였음을 짐작해 볼 수 있다. 그 중 통화현 합니하에 거주하는 인물이 다수인데, 임면수는 통화현에 거주하는 것으로 되어 있다.

독립운동가 총 54명 중 대부분이 신흥학교 관련 학자 및 교사들이다. 임면수처럼 객주업에 종사하는 인물은 모두 5명이다. 통화현의 이계동(李啓東, 충청도인, 50세, 객주업으로서 유지자), 이시중(李時中, 평안도인 36-7세, 객주업유지가), 최시명(崔時明, 평안도인 42-3세, 객주로서 유지자), 회안현 항도천의 홍승국(洪承國, 42-43세, 충청도인) 등이다. 그 중 임필동만을 "유력자"로 표현하고 있는 것이다.

임면수의 부인 전현석 여사는 때도 없이 찾아드는 별동대 특파대 각양 인원의 식사를 하루에 5, 6차례씩 밥을 지어야 했고, 각인각색의 보따리와 총기를 맡으며, 챙겨주어야 하는 혁명투사의 아내로써 그 고역이란 필설로 표현할 수 없었다. 그러므로 그녀는 독립의 어머니라고 불리웠을 정도였다.* 임면수의 비문에는 다음과 같은 기록이 있다.

그 당시 독립운동자로 선생댁에서 잠은 안 잔이가 별로 없고, 그

---

* 『삼일학원65년사』, 82쪽.

부인 전현석 여사의 손수 지은 밥을 안 먹은 이가 없었으니 실로
선생댁은 독립군 본영의 중계 연락소이며, 독립운동 객의 휴식처
요, 무기보관소요, 회의실이며 참모실이며 기밀 산실이었으니

위의 기록은 임면수가 객주업을 운영할 당시의 모습을 생
동감 있게 짐작해 볼 수 있는 표현이 아닌가 추정된다.

한편 임면수의 객주는 신흥무관학교의 선전지인『신흥학
우보』의 배포처로도 일익을 담당한 것으로 보인다. 신흥교
(학)우단에서는 1913년 6월부터 기관지인『신흥교우보』를 간
행하였다. 주필 겸 편집부장으로는 신흥강습소 1회 졸업생이
며 문사(文士)로 알려진 강일수가, 그리고 신흥중학교 졸업생
인 이동화·장정근 외 15명이 기자로서 활동하였다. 국문 또
는 국한문으로 되어 있는 신흥교(학)우보의 전체 내용을 현재
로서는 잘 알 수 없다. 다만 현재 독립기념관에 보관되어 있
는 신흥교우보 2호(1913. 9. 15)와 , 신흥학우보(제2권 2호, 1917. 1.
13와 제2권 10호, 1918. 7. 15) 등을 통하여 어느 정도 전체상을 살
펴볼 수 있지 않을까 한다. 신흥학우보에 배포처에 임필동
남관(南關)이 들어 있어 주목된다.

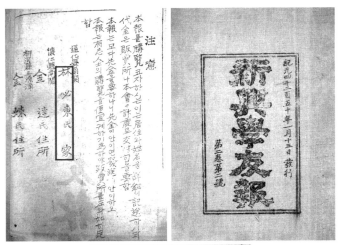

『신흥학우보』

▣ 객잔, 의성잔을 운영(1915년)

의성잔 당안자료

詳為遵飭查明具覆事案奉

監督飭奉

東邊道尹兼安東交涉員署飭准駐安日領事函據朝鮮總督府平壤地

方法院檢事正函閱現在通化縣本邦居民即朝鮮人義成棧及其他四名附

抄訊問事項請查辦等情函由文涉署飭縣附錄抄件轉行詳查其覆等

因奉此當經所長飭據本所行政股員杜鳳鳴查明覆稱遵飭前往縣城

南滿地方詳查確有韓人林必東在彼開設義成棧生理專住通往韓民前

於中華民國三年即日本大正三年九月間並無韓人康元袞金永胤吳宅儀

勳等四人到過住宿有無別情碑　宣知金燦鐘金鳳基查無其人復

의성잔 당안자료

梆河縣知事 公署岩歸兪岩請事 據警察事務所暨各圈總密報敬屬第

三保圈地方現有韓氏香辰榮泉演練兵操並習邪術用洋鐵剪成食鑵

機形象兇之能行於山衛洋鐵貯油桶為韓人辦鑿並云二圈地方己運到快槍

銅炮其為首之韓人金波設總機關于哈沉河南昌麗學堂時來二三圈教練

韓人男婦皆棄農工不事一意為此並讀有韓文書籍各等情前來據此查韓人

承中華震冀己千百載日韓併後流離瑣尾而來者無不以居處平等相看甚歪

待之殊覺仁至義盡茲據報稱情形其無知蠢動情狀顯然究其宗旨所注

尚未明瞭除仍令調查證據外查該總機關之哈沉河係屬貴治地方做屬海

相離韓人學堂僅隔一河是日晚即有該學堂韓人李浩永來居買酒當用韓語

與其閑談據其告明 伊係韓國王京人民現年三十三歲弟兄父人於早年僑居

此處大胞兄在家閑居二胞兄李永右三胞兄李哲榮前充韓官現在與伊在此

學堂管理事件等語並云繙譯說係華人何以深通韓語遂以前在韓國經

營多年回答又經談論多時未能詢及學堂宗旨恐其生歇好在該韓人李浩

永遠會繙譯到其學堂來觀即於第二日復詳盡一切該堂教員人等顧為

歡迎看明該處共有草房兩處每處六間一係宿舍一係講堂共有學生六十三名據

閱所焚書籍係中韓各國歷史及地理均係漢文外有韓語一種書籍亦係韓人

의성잔 당안자료

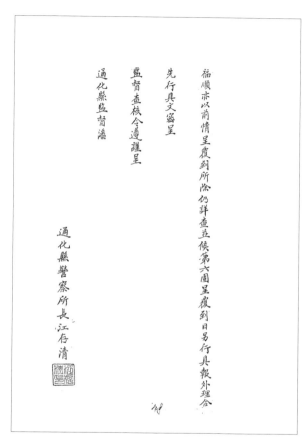

福順亦以前情呈覆到所除仍詳查並候第六圖呈覆到日另行具報外理合

先行具文竅呈

監督查核令遵謹呈

通化縣監督潘

通化縣警察所長江存清

의성잔 당안자료

　임면수의 객주업 활동은 다음의 중화민국 4년, 1915년 만주 통화현 당안관 자료에서도 찾아볼 수 있다. 즉, 임면수, 임필동이 통화현 남관에서 의성잔이라는 객주를 운영하고 있음을 짐작할 수 있는 것이다. 이를 보면 다음과 같다.

통화현공서 공함 제 호
중화민국 4년 10월 16일
합니하 한인학당의 근래 동향조사에 대한 비밀보고에 관한 건
영(슈)에 쫓아 조사, 확인한 상황을 보고 올립니다.

동변도윤 겸 안동교섭원(東邊道尹兼安東交涉員)의 지시에는 안동주재 일본영사의 서한에 의하면, 조선총독부 평양지방법원 검사가 보낸 정함(正函)에는 현재 통화현 본방(本邦) 거민 즉 조선인 의성잔(義成棧) 및 기타 4명에 대한 심문 사항 초본을 보내니 조사 처리하기 바란다고 하였다. 이에 본 서류를 교섭서를 통해 현에 전달하였으므로 상세히 조사하여 보고하라고 하였습니다.
본령을 받들어 소장은 본소 행정 역원(股員) 두봉명(杜鳳鳴)에게 명하여 조사, 보고하도록 지시하였는데 그의 보고에 의하면,

명령에 쫓아 현성의 남관(南關)지방에 내려가 상세히 조사하였는바, 한인 임필동(林必東)은 확실히 그곳에 의성잔을 개설하고 주숙과 한민들의 내왕을 생리(生理)하고 있었으며,

일찍 중화민국 3년(1914년-필자주) 즉 일본 대정 3년(1914년-필자주) 9, 10월 간에는 한인 강원섭(康元燮), 김영윤(金永胤), 오택의(吳宅儀), 장병훈(張炳勳) 등 4명이 주숙한 적이 없으며 기타 상황도 없었음(결여)... ... 조사에 의하면 김찬종(金燦鐘) 김봉기(金鳳基)란 사람은 없었습니다. 그리고 유하현지사 공서의 서한에는 경찰사

무소 및 각단에서 올린 종합 비밀보고에 의하면, 산하소속 제3 보위단 지방에는 현재 한민들이 밤이 되면 한곳에 모여 군사 체조를 조련하고 있으며 사술(邪術)에 젖어 양철(洋鐵)을 사람과 말, 총기 등 모양으로 잘라놓고 저주하고 있는데 고산가(孤山街) 가면 양철 기름통(貯油桶)은 한인들이 구입하며, 2퇀지방에는 이미 쾌총(快銃))과 동포(銅炮) 등을 운반하여 왔다고 말하고 있었습니다. 그리고 두목은 한인 김파(金波)이며 총기관은 합니하 남쪽의 고려학당에 설치하였는데 때때로 2,3퇀 교련(불명)... 한인 남녀 모두가 농사를 버리고 일하지 않으며 한문서적(韓文書籍) 등을 읽고 있다고 하였습니다.

이에 근거하여 조사하여 보니, 한인들은 중화를 존중하여 모신지 이미 천 백년이며 일한합병 후 떠돌다가 이곳에 온 자들인데 그들에 대한 거처는 평등하게 대하는 것이 인정을 다하는 것이라고 생각되며 상술한 보고에서 말하는 상황은 조금도 그 움직임이 없었음을 알 수 있었습니다. 그러나 그들의 종지(宗旨)가 무엇인지는 아직 명확하지 않으므로 계속 증거를 조사하라고 명령하였습니다.
그리고 총기관이 있는 합니하는 귀측의 관할지방에 있으므로 우리 산하 정탐들이 월경하여 탐방하는 것이 불편하며 또한 진상을 밝히기에도 용이하지 않으므로 바라건대, 서류에 기재된 각 내용에 대하여 상세히 조사해주기 바란다고 하였는데 합니하에 한국인 김파가 있는지 없는지, 그리고 고려학당에 이러한 기관을 설치하였는지 또한 이곳 거류한인들이 특별한 거동이 있는지 없는지를 조사하는 것은 외인들이 동난을 음모하는 것으로 이는 국제교섭과 연계되는 중대한 사건임으로 신속히 답복하여 처리할 수 있기를 바란다고 하였습니다.

이에 해당 소장은 적당한 대원을 선발, 파견하여 서류 내에 제기된 각 사항들에 대하여 확실히 조사한 후 즉시 회보하라고 명하였습니다. 명을 받고 본소 한어번역원 도종현(陶宗顯)과 6구 경단을 보내어 비밀리에 조사하도록 하였는데 그들이 조사 보고한 데 의하면 명을 받고 합니하지방에 가 엄밀한 조사에 착수하여 우선 목창(木廠)을 살펴보았는데 그 후 발병이 발생하여 길 걷기가 힘들어 당지의 장가점(張家店)에 주숙하였다 합니다. 장가점은 한인학당에서 불과 강 하나를 사이에 두고 있었습니다.

라고 있어. 임면수가 통화현에서 의성잔이라는 객주를 운영하고 있음을 짐작할 수 있다.

■ 통화현 동관대가 여관영업자(1916년)

임면수가 독립운동가로서 여관업에 종사하였음을 일본외무성문서 불령단관계잡건 재만주부 〈1916년 8월 5일자 배일선인 비밀단체 상황취조의 건〉을 통하여서도 짐작해 볼 수 있다.

부민단에서는 1916년 3월 16일 회의결과 독립운동가들의 근거지가 날로 위험해지고 있다고 판단하였다. 이에 200명으로 구성된 결사대(일명 山獵隊)를 편성해서 통화현에 일본영사관 분관 설치를 강력히 반대하고자 하였다. 이 계획의 일환으로 이미 7-8명은 통화현 시가에 잠입하였다. 일본측 정보기록에서는 임면수를 그 중 1명으로 파악하고 있다. 즉 "일찍이 통화현 동관대가(東關大街) 거주의 여관영업자, 경기도 수원부생 임필동(林必東)은 이러한 종류의 무리"라고 언급하고 있다.

「불령단관계잡건」 재만주부 1916년 9월 9일자 재안동영사가 일본외무대신에게 보낸 〈재만조선인비밀결사취조의 건에 대한 회답〉에도 임면수가 언급되고 있다. 본 자료에서는 "당지(통화현)의 배일자 중 유력자인 결사대원 임필동(林必東, 林彌東이라고 쓰기도 한다)"라고 표현하고 있어, 1916년 당시 임필동이 통화현 지역의 유력 항일운동가임을 짐작해 볼 수 있다.

■ 해룡현에서의 객주업을 통한 독립운동

임면수는 1920년 일본이 통화현에 일본영사관을 설치하자, 일본의 감시망을 피하기 위하여 그해 봄, 가족을 데리고 해룡현 북산성자(北山城子)로 이동하였다.* 한편, 1919년 3·1운동 이후 만주지역에도 수많은 무장독립운동단체들이 조직되었고, 활발한 국내진공작전을 전개하였다. 이에 일본군들은 만주지역에 있는 독립운동가들을 체포 학살하는 만행을 자행하였다. 이때 임면수도 해룡현 북산성자에서 일본군 토벌대에 체포되어 중국에서 추방되었던 것이다.

즉, 임면수는 정일택(鄭日澤), 한용기(韓元基), 이용도(李用道)와 함께 1920년 6월 12일 밤 해룡현 북산성자 삼도가(三道街)에 재주하는 김강(金剛)의 집에서 김강의 부재 중에 그 지역의 일본경찰관 및 그 부근에 거주하는 친일 조선인 등을 암살하고 남만철도연선에 거주하는 동지와 기맥을 통하여 아편의 밀수입을 통한 이익으로 상해임시정부에 송금하려는 협의로 체포되었던 것이다. 그러나 여기서 필자가 가장 관심

---

* 허영백, 『광복선열 고 필동임면수선생약사』, 1963년 2월 25일.

임면수(앞줄 오른쪽 끝)와 동지들(뒷줄 왼쪽부터 정동수, 한원기, 정일택, 이용도)

을 갖고 있는 부분은 임필동이 해룡현에서도 다음의 일본측 기록에서 보는 바와 같이 여관업(객주업)을 통하여 그곳을 거점으로 독립운동을 추진하고 있다는 점이다. 아울러 같이 체포된 한원기의 경우 당시 임필동의 여관에 주숙하고 있던 인물인 것이다.

1920년 9월 24일
재철령영사(在鐵嶺領事) 소창택삼(小倉鐸三)
외무대신 백작 내전강재(內田康哉) 전(殿)
재류금지명령의 건 보고

본적 조선 경기도 파주군 청석면 동패리 1086번지
당시 봉천성 유하현 대사탄 거주
농업 정일택 당 22세, 농업

본적 조선 경성부 니동 1통 4호
당시 봉천성 해룡현 북산성자 중위 거주
숙옥업(宿屋業) 임필동 당 48세

본적 조선 평안북도 의주군 서남문동 144번지
당시 봉천성 해룡현 북산성자 중위 주임필동방(住林必東方)
무직업 한원기 당 21세

본적 조선 평안남도 순천군 내남면 신리 5통 5호
당시 봉천성 해룡현 북산성자 삼도가주
잡화상 이용도 당 28세

본적 조선 강원도 울진군 울진면 이하 불상

당시 봉천성 유하현 이도구 거주

농업 정동수 당 27세

위 사람은 당지방의 공안을 해할 우려가 있는 자로 판단되어 명치 29년 법률 제80호 청국과 조선국 재류제국신민취체법(在留帝國臣民取締法) 제1조에 의거하여 대정 9년(1920년-필자주) 9월 9일부터 향후 3년간 지나에 재류하는 것을 금지하였음에 별지 이유서 및 사본을 첨부하여 보고 올리는 바임. 경구(敬具)

재류를 금지하는 이유

정일택, 임필동, 한원기, 이용도 등은 다른 조선인 3명과 함께 다른 불령선인과도 연락을 취하여 1920년 6월 12일 밤 해룡현 북산성자 삼도가에 재주하는 김강의 집에서 김강의 부재중에 동지 영사관출장소의 일본경찰관 및 그 부근에 거주하는 친일 조선인 등을 암살하고 남만철도연선에 거주하는 동지와 기맥을 통하여 아편의 밀수입을 행하여 그 이익으로써 독립운동을 하고 여유가 있으면 상해임시정부에 송금하려는 것을 기획하였다고 하는 정보를 듣고 이를 취조하던 중 위자 등은 이를 부인하고 있으나, 정일택은 1919년 11월 무렵까지 대사탄에서 독립단의 대대장 대리였던 바 있으며, **임필동은 자기가 숙박영업을 하고 있음을 이용하여 불령선인과 기맥을 통하고 있다는 혐의가 있으며,** 한원기는 자백하지 않고 있으나 오른 팔뚝에 "일심동력(一心同力)"이라는 문자를 문신으로 새겨넣고 있는데 그가 길림에 거주 중 생계회(生計會)라는 결사단에 가입했을 때 넣은 것이라고 하고, 이용도는 일찌기 한족회의 구장을 하며 독립비용을 징수한 바 있음.

이상과 같이 상당 경력을 유하는 자로서 사실을 부인하고 있으나 그들에게 있어서는 당연히 행함직한 일로서 이대로 둔다면 지방의 공안을 방해할 우려가 있다고 판단됨에 따름.

정동수는 13세 때부터 형과 함께 만주에 건너와 이곳저곳을 편력하다 1916년 앞에 적힌 거주지에 거주하였으나 1919년 4월부터 11월까지의 사이에 한족회의 구장대리로 일하며 독립운동의 자금을 모집하고 또한 배일신문 「신배달」을 취급하며 양민을 선전해 온 바 있으며 오늘날에는 구장의 대리, 신문의 취급 등은 하고 있지 않으나 암암리에 불령선인과 기맥을 통하여 독립운동을 기도 조세(助勢)하여 당지방의 공안을 방해할 우려가 있다고 판단됨에 따름.[*]

한편 해룡현에서 비슷한 시기에 김교영의 경우도 객주업을 하며 독립운동단체의 연락관계를 도모하였다. 이는 다음의 일본측 기록을 통하여 판단해 볼 수 있다.

33. 본공(本公) 제4호

1921년 1월 11일

재철령영사 소창탁이

외무대신 백작 내전강재 전

퇴지명령의 건 보고

본적: 조선 경상남도 밀양군 산외면 입곡리 통호 불상

---

[*] 국가보훈처, 『만주지역 재류금지관계잡건』, 2009, 120-122쪽.

주소: 봉천성 해룡현 사마구

하재빈당43세 농업

본적: 조선 경상남도 울산군 웅촌면 대대리 통호불상

당시 봉천성 해룡현 대백은하초시

<u>김교영</u> 농업

위의 두 명은 별지 이유에 의해 해당 지방의 공안을 방해할 우려가 있다고 판단되어 '명치29년법률 제80호 청국과 조선국 재류제국 신민취체법 제1조'에 의거하여 1920년 12월 25일부터 향후 2년간 중 국에 재류하는 것을 금지하였음에 별지 이유서 및 사본을 첨부하여 보고를 올리는 바입니다.

퇴거처분을 요하는 이유

김교영(金敎榮, 幼名 丈佑)은 1919년 음력 3월 만주에 건너와 <u>해룡현(海龍縣)</u> 대백은하(大白銀河)에 거주하며 같은 해 8월 그곳에서 <u>숙박업을 개업</u>하였고, 한족회원으로서 일찍이 불령선인 등과 <u>연락하 며 비밀문서 수수송달 등의 임무</u>를 맡아 왔으며, 한편 위자는 평안남도에 비밀결사 한민회의 경고부 원으로 밀파되어 있다는 것은 일찍이 밀보도 있었던 바이며 또한 군자금 등을 강요한 혐의가 있어 취조해 본 결과 증빙물건이 발견되지 않아 끝까지 불령단과 아무런 연락관계가 없었다고 강변하고 있으나 위자가 삼원포 및 조선 내지와 연락을 취하며 비밀문서를 주고받으면서 <u>숙박업을 이용하여 숙박객을 유혹하고 협박으로 불령단 입회를 종용</u>해 온 사실을 동 지방에 거주하는 조선인들이 인정 하고 있음에도 위자는 극력 부인하며 우리가 경고 혹은 훈유함에도 도저히 개전의 가망

이 없으므로 이 같은 자의 존재는 장래 당지방의 안녕을 방해할 우려가 있다고 판단됨에 따름.[*]

■ 임필동의 부인, 잊혀진 여성 독립운동가 전현석의 부활을 꿈꾸며

구한말 상동청년학원에서 활동한 임면수는 1910년 일제에 의해 조선이 강점되자 독립운동기지 건설을 위하여 1912년 2월 만주 서간도 환인현 횡도천으로 망명하였다. 그리고 그곳에 개교한 양성중학교 교장으로서 독립군 양성에

임면수의 부인 전현석여사

기여하였다. 1910년대 중반에는 부민단의 결사대에 속하여 활동하였으며, 3·1운동 이후 일제의 간도출병으로 통화현에서 해룡현으로 근거지를 옮겨 항일투쟁을 전개하다가 일제

---

[*] 해외의한국독립운동사료(XXXIV): 만주지역 本邦人在留禁止關係雜件, 123-124쪽.

에 의해 체포, 투옥되었다.

일제에 의해 체포된 임면수는 철령(鐵嶺)으로 압송되어 가던 중, 한국인 경찰 유태철(柳泰哲)의 도움으로 중국인 여관에서 번잡한 틈타 탈출에 성공하였다. 낮에 숨고 밤에 걷는 일정으로 14일만에 길림성 이통현(伊通縣) 고유수(孤楡樹) 한인 농촌 마을에 도착할 수 있었고, 그곳 박씨 집에 은둔하였다. 그 후 장춘을 거쳐 부여현에 도착하여 안승식(安昇植)의 도움으로 그의 집에서 겨울을 날수 있었다. 그러나 1921년 2월 경 길림시내에 잠입하여 활동 중 결국 밀정의 고발로 길림영사관에 체포되었다.*

임면수는 평양감옥에 압송되어 고문과 매로 전신이 마비된 후에야 비로소 고향으로 돌아 올 수 있었다.** 그러나 고향 수원에는 거처할 방조차 없었다. 결국 1931년 1월 17일 58세의 나이로 순국하였다.***

임면수는 1910년대에는 만주에서 항일운동을 활발히 전개하였던 인물이었다. 특히 그는 교육활동과 더불어 독립운동의 중심지인 통화현, 해룡현 등지에서 객주업을 통하여 독립

---

* 허영백, 『광복선열 고 필동임면수선생약사』, 1963년 2월 25일.
** 허영백, 『광복선열 고 필동임면수선생약사』, 1963년 2월 25일.
*** 『삼일학원65년사』, 83쪽

운동의 연락처를 확보함과 아울러 신흥학우보 배포 등 선전
활동도 전개하였음은 주목된다고 보여진다. 앞으로 임면수
의 객잔인 의성잔의 실체를 보다 구체적으로 밝혀지기를 기
대해본다. 또한 의성잔에서 독립운동가의 아내로서 식사와
의복 등 온갖 노력을 아끼지 않은 여성독립운동가 전현석의
새로운 부활을 꿈꾸어 본다.

제4장

임면수의 모집으로 멕시코와 쿠바로 간 수원 사람들

멕시코의 한인들(한국이민사박물관)

■ 수원에서 멕시코이민 모집 대리점 운영

임면수는 1904년 말부터 이듬해 초까지 수원에서 멕시코 이민 모집 대리점을 운영하였다.*

황성신문(1904.12.17)

* 『황성신문』 1904년 12월 7일 광고.

황성신문 1904년 12월 17일 광고 농부모집광고를 보면 다음과 같다.*

農夫募集廣告

●北米墨西哥國은 合衆國과 相連흔 文明富强國이니 水土極佳ᄒ고 氣候溫暖ᄒ야 瘟疫霍亂等病이 無흠은 世界가 所共知라. 其國에 富多貧小ᄒ야 工人甚貴ᄒ야 近年에 日淸兩國人이 單身或率眷으로 前往得利者다 有ᄒ니 韓人도 單身或率眷으로 前往■地면 必得厚利흠터이며 韓國와 墨國이 曾無通商條約이니 最惠國으로 待遇ᄒ야 任意往來에 毫不阻碍라. 今番大陸殖民合資會社ᄂᆞ 墨國柔氣丹州殷富耕種家의 依囑을 受ᄒ야 農夫을 募集흠은 只爲種麻오 不作他工이니 相約書ᄂᆞ 如左흠.

一. 應募者率眷之意ᄂᆞ 孤在外國에 必無家庭之樂故요 又所借田園을 可使耕作이며 鷄豕을 使參養이며 衣服飲食을 可使需供ᄒ야 妻子相助ᄒ야 必獲大利케ᄒᄂᆞ 緣由라.

一. 渡航旅費船中食債其他浮費ᄂᆞ 自本農家家供給ᄒ니 應募者ᄂᆞ 此을 不關홀 事

一. 墨國에 到達ᄒ야 所居家屋과 墾園 地栽種ᄒ는되는 一切免租稅ᄒ 事.

一. 農夫을 特別優待ᄒ에 疾病■罹ᄒ면 醫藥을 無料로 治療ᄒ 事.

一. 所居家屋은 依例借給ᄒ고 日用柴炭도 無料供給ᄒ고 農夫之子女年 齡十歲以上은 必入學校ᄒ야 修文明之業ᄒ되 月謝는 免除ᄒ 事.

一. 每日勞働時間는 九時間이오 工錢은 墨銀一元三十錢(韓貨二元六十錢)乃至墨銀三元(韓貨六元)이니 該地一日食價는 墨銀二十錢 乃至 二十五錢이라.

一. 所得工錢은 每七日에 核筭ᄒ야 如數出給하되 他人 代受는 不許ᄒ 事.

一. 農作은 五箇年으로 爲限ᄒ고 滿限之日에는 午意歸國ᄒ되 另償墨銀 一百元(韓貨二百元)할 事.

一. 行中期限는 大略一個月이니 其發程之日은 各地代理人이 預先通知 할 事.

欲爲應募者는 速히 各地代理店登名掛号處에 陰十二月初十日內로 來臨ᄒ야 該地人情風俗을 詳探ᄒ 後 ■請願ᄒ야 遲者日誤■는 獘가 無케ᄒ옵.

京城 舊永禧殿 前竹洞 八十一統 總代理店大庭貫一.

仁港 杻峴 二九 旅舘 代理店 龍井貞造
開城北部仙岩 代理店 韓敎序
平壤 朱雀門內 平野商店 代理店平野武
甑南浦 大野商店 代理店 大野楠助
水原府內 代理店 林勉洙

   임면수가 멕시코 이민대리점을 한 것은 그의 종교와 관련
이 있었던 것으로 보인다. 기독교인이었던 임면수는 인천 내
리교회의 중심인물이며, 멕시코 이민을 주도했던 존스(Rev.
George Heber Jones)목사와 깊은 관련을 맺고 있었던 것으로
보인다. 존스는 1867년 미국 뉴욕에서 태어나 신학교를 졸업
한 후 1887년 9월 내한하였다. 1892년 인천지역 감리사로 부
임한 이래 내리교회를 중심으로 44개 교회를 창설·관리하
는 등 전도활동에도 노력을 기울였다. 사경회·신학회 운영은
협성신학교로 발전하는 등 한국의 감리교회 발전에 크게 이
바지하였다. 『신학월보』와 『The Korean Repository』·『The
Korean Review』의 주필로서 한국 내 기독교인 동정과 한국
문화를 국외에 널리 알리는 데 일익을 담당하였다. 그는 군
대해산 당시 선교사인 애비슨·민휴 등과 부상당한 군인을
치료하는 등 독립운동을 지원하고 나섰다. 존스목사의 한국

민에 대한 애정과 관심은 이후에도 지속되었다.*

존스목사의 부인은 부임 초기부터 내리교회에 영화여학교를 설립함으로써 우리나라 근대여성교육 토대를 마련하였다.** 수원의 삼일여학당 설립도 이러한 의도에서 비롯되었다. 존스목사의 부인이 삼일여학교 설립에 관여하고 있는 점을 통해서 볼 때, 삼일학교 발기인인 임면수는 존스와 일정한 인연이 있었을 것이고, 이러한 이유로 그는 멕시코 이민 수원대리점을 운영하였던 것으로 보인다. 수원에서 모집된 인원은 전체 1,033명 중 6명으로 극히 일부에 불과하다고 알려지고 있다.*** 한편 존스와 그의 부인과의 만남을 통하여 임면수는 점차 민족의식을 갖게되는 계기가 되었던 것으로 판단된다.

---

* 『황성신문』 1907년 8월 3일 잡보 「趙博士大慈善」; 『대한매일신보』 1907년 8월 3일 잡보 「美敎師救療」.
** 수원종로교회, 『수원종로교회사 1899-1950』, 66-69쪽; 김형목, 「대한제국기 인천지역 근대교육운동 주체와 성격 」, 87-88쪽.
*** 이자경, 「멕시코 한인이민 모집과 송출의 불법성」, 『멕시코 이민 100년의 회상』, 인천광역시, 2005, 47쪽.

■ 한인들의 멕시코, 쿠바이주

멕시코로의 한인들의 이민은 1905년에 시작되었다. 1904년 말부터 이민자를 모집하기 시작하여 1905년 4월에 1,033명의 한인들이 인천 제물포항을 출발하여 멕시코로 이동하였다. 한인들의 멕시코 이민은 멕시코 농장주들과 노동이민을 계약하였던 네델란드독일계의 영국인 메이어스(John G. Meyers)가 1904년 8월에 한국 서울에 도착하여 일본 토쿄(東京)에 본부를 둔 대륙식산회사(大陸殖産會社)의 경성 지부에 파견된 일본인 오바 간이치(大庭貫一)과 함께 노동자를 모집함으로써 이루어졌다. 대륙식민합자회사는 서울·인천·광주·부산·개성·평양·진남포·수원 등에 사무소를 두고 노동 이민 모집에 착수하였다.

멕시코 한인 이민은 1904년 11월 24일부터 1주일 동안 『대한일보』에, 그리고 같은 해 12월 17일부터 1905년 1월 13일까지 7차례에 걸쳐 『황성신문』에 공개적으로 '농부 모집 광고'를 게재해서 이민자를 모집하였다. 『황성신문』(1904. 12. 17일자)에 소개된 광고에,

북미 묵서가는 미합중국과 이웃한 문명부강국이니 수토가 아주 좋고 기후도 따뜻하며 나쁜 병질이 없다는 것은 세계가 다 아는 바다. 그 나라에는 부자가 많고 가난한 사람이 적어 노동자를 구하기가 극히 어려우므로 근연에 일·청 양국인이 단신 혹은 가족과 함께 건너가 이득을 본 자가 많으니 한국인도 그곳에 가면 반드시 큰 이득을 볼 것이다.

라고 하여, 호기심을 자극하였다. 이때 임면수는 수원에서 멕시코이민모집 대리점을 운영하였던 것이다. 이렇게 하여 수원을 비롯하여 서울, 인천, 부산, 목포, 평양, 마산, 원산, 개성, 제천, 대구, 광주(廣州), 경주, 울산, 황주, 밀양 등지에서 1천 33명의 이민자들을 모집하였다. 인적 구성을 보면, 남자 702명, 여자 135명, 아동 196명이며, 257가구가 가족이민 형태였다. 이들중 대한제국 군인이 2백 여명이었고, 소작인, 잡역부, 전직 하급관리, 소수 양반, 부랑아, 걸인 등 다양한 계층이었다. 이들은 한국정부 외부(外部)에서 발행한 여권을 소지하고 1905년 4월 4일 인천 제물포항을 출발하였다. 그러나 멕시코이민자들이 노예로 팔려갔다는 소문이 돌자, 한국정부는 1905년 4월 5일자로 "앞으로 외국으로 나가는 사람들이 여권을 신청할 경우 엄중하게 조사하라"는 대외이민 금지령을 내렸다.

멕시코로 한인들이 타고 간 영국 샌 일포드호

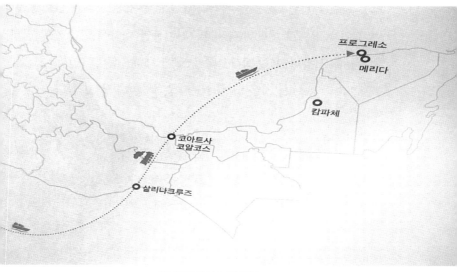

한인들의 멕시코 이동로(독립기념관)

이민자들은 인천 제물포항을 떠나 75일간의 항해 끝에 태평양연안에 위치한 살리나 크루스(Salina Cruz)항구에 도착하였다. 다음에 기차로 멕시코만에 있는 꼬알사꼬알꼬스 항구로, 그리고 그 곳에서 다시 유카탄의 쁘로그레소항까지 배로 이동하였으며 그 곳에서 메리다까

『큐바이민사』(임천택, 1954)

지는 기차로 이동하였다. 이들은 이곳에서 다시 베라크루스(Veracruz), 유카탄(Yucatan), 메리다(Merida) 등지에 산재한 20여 곳의 농장으로 분산 수용된 뒤, 4년 동안 계약에 의한 노예노동을 시작하였다. 멕시코의 생활에 대해 『큐바이민사』(태평양주보사, 1954)를 지은 임천택은 다음과 같이 밝히고 있다.

금전 저축은 고사하고 그날 그날에 생활도 유지하기에 곤란하고 4년 계약에 팔린 몸이라 고국으로 돌아갈 수도 없이 다만 마음눈으로 고국의 하늘을 바라보고 슬픈 눈물과 한숨으로 세월을 보낼 뿐이었습니다. 그럭저럭 4년이라는 기한을 지내고 보니 처음 올 때 희망과는 아주 딴판으로 수중에 저축한 돈은 한 푼도 없고 고국으로 돌아가서 그립던 부모와 처자를 만나보려는 마음만은 간절하나 여비가 없음에 여의치 못하고 다시 어져귀 밖에서 고통한 생을 계속하게 되었습니다. 4년 기한은 채운 몸이라 어디든지 갈 수 있게

되었음에 어디에 생활이 좀 낮다는 곳이 있으면 찾아다니면서 살
수 있게 되었습니다.

　궁핍한 생활을 하던 임천택은 보다 좋은 곳이 있으면 어디
든지 갈 준비가 되었는데, 마침 쿠바의 동향에 밝은 이해영
이 쿠바로 이민할 것을 권유하였다. 『큐바이민사』에서 다음
과 같이 기록하고 있다.

　묵국(멕시코-필자주)에서 방랑의 생활을 계속하는 동안에 우연한 기
　회라 할는지 필연이라 할는지 달이 가고 해가 거듭 할수록 우리 동
　포들의 생활 형편이 어렵게 될 뿐 아니라 불쌍 모양에까지 이르게
　됨에 너나 할 것 없이 생활상 형편이 좀 좋다는 곳이 있다면 귀가
　번쩍 뜨이게 되었습니다. 즈음에 앞서 쿠바에 와서 있던 이해영
　씨가 마니티 설탕농장에 이민하러 와서 쿠바에 생활 형편이 좀 좋
　다고 하는 말에 솔깃하여 15년이나 살고 있던 제2 고향인 묵국을
　뒤에 두고 묵국에 이민한 1,033명 중에서 근 3백 명이 남녀노소
　가 1921년 즉 신유년 3월 초에 쁘로그레소 항을 떠나 쿠바 이민
　국에 일반 수속을 하느라고 경우 3월 25일에야 마티니 항구에 상
　륙하게 되었습니다

　즉, 1921년 3월초 멕시코에서 생활하던 한인들은 생활형편
이 좀 좋다는 말을 듣고 쿠바로 이동, 마티니 항구에 상륙하
게 되었던 것이다.

■■ 수원 사람들의 멕시코, 쿠바이주와 독립운동

수원군 출신으로 멕시코로 이주한 사람은 기존의 연구에서는 모두 6명으로 나타나고 있다. 그러나 1919년 대한인국민회중앙총회에서 조사한 멕시코거주 한인인구조사표에 따르면 약간의 차이가 있는 것 같다. 오늘날 수원출신으로는 김봉섭(金奉燮), 신인식(辛仁植), 송성관(宋聖寬), 박성운(朴聖雲) 등을 들 수 있다. 아울러 화성시 출신으로는 김성규, 김정식, 김갑봉 3형제와 어머니 김씨, 안순필 가족 등을 들 수 있다. 김정식 3형제는 팔탄면 매곡리, 안순필은 팔탄면 입암리(현재 율암리) 등이다.

수원군 출신으로 현재 독립유공자로 포상된 인물은 김정식과 안순필, 안옥희 부녀이다. 그러나 이들 외에 수원군출신으로 멕시코에서 상인으로 활동한 신인식과 쿠바에서 활동한 안순필의 부인으로 대한여자애국단 아바나지부 단장인 김원경(김원정, 마리아 김)과 아들 3형제, 안재명, 안군명, 안수명, 딸 세 자매 안옥희의 언니인 안정(경)희, 동생인 안홍희 등도 독립운동을 전개한 것으로 알려지고 있어, 이들에 대하여도 최초로 심도 있게 밝혀보고자 한다.

▣ 멕시코에서 독립운동의 선봉에 서다—김정식

김정식 인구등록표

　김정식(金正植, 1888-1946)은 수원군 삼동(三洞) 자라목(현재 화성시 매송면 매곡) 출생이다. 이명은 김무봉(金戊逢)이다. 김정식의 가족관계는 1919년 당시 대한인국민회중앙총회 인구조사표를 통하여 살펴볼 수 있을 것 같다. 이를 보면 다음과 같다.

　김정식 32세, 직업 노동, 등록지명 미라다, 등록일자 4252년
(1919년)
　원적 경기도 수원군 매곡면
　본국에 있는 가족: 동생 金正逢 28세 농업

같이 있는 가족: 모 김씨, 아내, 奏 마살나나, 형 정규 35세,
동생 갑 26세. 자매 순이 20세. 딸 韓龍 3세.

김정식은 1905년 경 멕시코로 이민 간 인물로서, 멕시코
유카탄 반도 메리나에서 대한인국민회 메리다 지방회 회장
으로서 독립운동을 전개한 혁명가이다. 김정식의 사망과 관
련하여 최근 독립기념관에서 〈대한인국민회 멕시코 메리다
지방회의 김정식 별세 소식 보고(1946.10.)〉〈자료번호2-K04569-
000)라는 자료가 발굴되었다.

> 메리다지방에 재류하는 김정식은 수년 동안 질병으로 고통을 받았
> 는데 부인과 딸의 치료 노력에도 불구하고 10월 3일 오전 9시 58
> 세의 나이로 별세하니 수십 명 가족(4남 1녀)들의 슬픔을 이루 헤아
> 릴 수 없을 정도였다고 했다.
> 김정식은 원적이 경기도 수원으로, 멕시코 대한인국민회 창립 때
> 부터 충성을 다해 봉사하였고 동포들을 진정으로 사랑하였으므로
> 현지 일반 동포들은 한인사회의 들보가 무너진 것처럼 여긴다고
> 했다. 그의 장례는 본 지방회의 협조 하에 그 다음 날인 10월 4일
> 오전 10시 교회에서 영결식을 가진 후 공동묘지에 안장되었고, 그
> 의 장례를 위해 물질과 화환으로 도운 단체와 사람들의 명단은 별
> 도로 기재해 보고했다.

미주에서 간행된 『신한민보』1941년 12월 11일자에서 〈유

카탄 한인사회의 4각적 인물-김정식씨〉라는 제목하에 그에 대하여 다음과 같이 언급할 정도로 그는 멕시코에서 유명한 인물이었다.

> 김정식씨는 20여세로 비롯하여 60당년이 되도록 한인사회에 몸을 바쳤다. 김정식 씨는 성품이 온유, 겸손하며 근실, 충직하다. 그의 식솔은 20명의 큰 가정이지만, 부모 잃은 고아를 양육하여 성혼까지 시켜준 자선적 특성을 가졌다. 김정식씨가 연속 재선하여 지방회의 중대한 임무를 띠게 된 것은 물론 그의 인격도 상당하거니와 묵국(멕시코-필자주) 우리사회의 선각자들은 모두 70당년, 80당년 노옹들인고로 청년들에게 우리 국민회의 모든 사무를 맡기고 노인들은 뒤에서 고문이라 하여주라고 생각하였으나, 청년들은 영업상에 분주한 것은 고사하고, 국민회의 회장이라는 중임을 맡아 가지고 실수하여 공중의 심리를 저상케 하면, 어떻게 하나 하는 염려가 있어 모두 사양하게 되는 고로, 김정식씨가 회장이라는 무거운 짐을 지고, 유카탄 한인의 복리를 도모하게 되었다. 그러나 김씨는 유카타 수부인 메리나 시내에 거류하지 않고, 메리다에서 상거 수백리되는 농촌에서 영업을 하나 교통이 불편과 자신 생애를 불구하고 통상회, 특별회, 여자애국단회에 출석하여 인도를 한다고 김씨를 칭찬하지 않는 이가 없다.

또한 김정식은 대한민국임시정부 광복군을 후원하기 위하여 많은 노력을 경주하였다. 그러므로 신한민보 1942년 10월

22일자에서는 〈김정식씨의 애국 성충〉이라는 제목하에,

> 메리다지방회에서 9월 17일 광복군 성립 제 2주년을 기념하는 석
> 상에 김정식씨는 광복군 후원을 위하여 1백원이라는 큰 숫자를 드
> 렸고, 이로 말미암아 당일 광복군 후원금 220여원을 모집하게 되
> 었음으로 당지 동포는 씨의 애국성충을 찬하한다더라.

라고 하여, 그에게 존경심을 표하고 있는 정도로 김정식은
애국자로서 높이 평가 받고 있다.

  그럼에도 불구하고 지금까지 김정식은 우리에게 전혀 알
려지지 않은 인물이었다. 김정식의 인적사항은 그가 도산 안
창호가 조직한 흥사단에 제출한 이력서를 통하여 살펴볼 수
있다.

  출생시: 1888년 3월 18일
  출생지: 경기도 수원군 삼동 자라목
  거주지: 1888-1898년. 출생지
  1902년-1904년: 서울
  1899년-1901년까지 출생지
  1905년-1918년 멕시코 유카탄 메리다
  직업: 1899년-1904년 농업, 1905년-1918년 어저귀 따는 것
  학예: 국문 대략 통합
  종교: 기독교

단체: 국민회

기능: 근검

취미: 실업

개명: 무봉

가족: 부:성오(聖五, 작고), 모-김씨(62세), 형-정규(正圭, 34세), 동생 갑봉(甲逢, 25세), 처 강씨(21세), 딸 한양(漢陽, 2세)

현주소: 멕시코 유카탄 메리다

원문

第 特別團友 金正植(김정식) 履歷書

入團日 建國紀元 四二五一年 月 日

出生時 紀元 四二二一(1888)年 三月 十八日

出生地 京畿道 水原郡 三洞 자라목

居生地 自四二二一年 至四二三一年 出生地

自四二三二年 至四二三四年 京城

自四二三五年 至四二三七年 出生地

自四二三八年 至四二五一年 墨國(멕시코)有佳團美利多

職業 自四二三二年 至四二三七年 農業

自四二三八年 至四二五一年 勞働 어저귀 따는 것

學藝 國文畧通

宗敎 耶穌敎(예수교)

團體 國民會
技能 勤儉
所肯 實業
改名 戊逢(무봉)
家族 父 聖五(성오) 己故
母 金氏 年六十二
兄 正圭(정규) 年三十四
弟 甲逢(갑봉) 年二十五
妻 姜氏 年二十一
女 漢陽(한양) 年二
現住 墨國(멕시코) 有佳團美利多

위에서 살펴보는 바와 같이, 김정식은 수원군 출생으로
1905년 멕시코로 이주한 인물이다. 그는 이 시기에 수원지역
에 설치된 멕시코 이민 대리점의 소개로 이민간 것으로 추정
된다. 당시 수원에서는 이 지역의 대표적인 유지이며, 계몽
운동가인 임면수가 대리점을 운영하고 있었다. 멕시코로 이
주한 김정식은 그곳 농장에서 도착 직후부터 어저귀 따는 일
에 종사하였다. 멕시코로 이민을 간 한국인들은 혹독한 노동
에 시달리며 노예나 다름없는 생활을 해야 했다. 김정식 또
한 예외는 아니었을 것이다.

그러나 그는 그러한 역경 속에서도 조국을 잊지 않았다. 즉, 김정식은 단순이 생업에만 종사하지 않고 미주지역에 조직된 대한인국민회에서 교민들의 자치활동과 독립운동에 매진하였던 것이다. 김정식은 1911년 대한인국민회 신한동지방회, 1912년 메리다지방회 회원으로 활동하였고, 이후 메리다지방회에서 1919년 법무, 1922년 회장, 1924년 서기 겸 재무, 법무원, 1925년 재무, 1927년 부회장, 1930년, 1934년, 1943년 총무, 1936년, 1938년 감찰원, 1940년, 1941년, 1944년에는 집행위워장으로 활동하였다. 뿐만 아니라 그는 1909년부터 1945년까지 지속적으로 독립운동을 위해 자금을 지원하였다. 특히 그는 1923년 , 1934년, 1936년에는 한국에 수재가 나자 10달러, 10달러, 4달러를 각각 수제구제금으로 후원하였다. 고국 고향인 수원을 생각한 그의 마음이 그대로 전달되는 느낌이다.

　　아울러 그는 1931년 10월 1일 이충무공 유적 보존금으로 1달러를 희사하기도 하였다. 김정식은 애국적인 연설을 통하여 동포들에게 민족의식을 고취시키고자 하였다. 1918년 12월 1일에는 〈우리 장래의 발전〉이라는 제목으로, 1920년 3월 1일에는 독립선언 2주년을 맞이하여 경축 연설을 행하였다. 1925년 2월 1일에는 국민회 창립 제16주년을 맞이하여 그리고 1928년 3월 3·1절 경축모임에서도 동포 80여명이 참석한 가운데 경축 연설을 행하였던 것이다. 그리고 1937년 5월 1일에는 김정식은 메리다에서 순국선현 추도식을 지도하기도 하였다.

▣ 코앗사코알코스와 멕시코시티 한인지방회 집행위원장,
　상인 신인식

신인식 인구등록표

신인식(辛仁植)은 수원군 도마지면 상귀(上貴) 아래람승 출신으로 1919년 대한인국민회 중앙총회 조사시 28세였다. 신인식에 대한 첫 기록은 신한민보 1911년 10월 25일자 〈메리다지방회보〉에서 보이고 있다.

본월 통상회에 경과한 사항은 여좌

신입회원

문점용 현득영 <u>신인식</u>

　즉, 신인식은 멕시코로 이민 온 이후 1911년 메리지방회에 참여하였던 것이다. 이후 신인식에 대한 기록은 1917년에 등장한다. 즉 신한민보 1917년 4월 12일자 〈프론테라지방회의 생활〉에,

자농하는 동포 13인

김세원 김성용 김순일 이학서 유승여 방한조 김용집 신어심 김태진 김성국 이인환 이원석

채소장소 하는 동포 6인

<u>신인식</u> 김우용 김경준 김수복 박선일 김제선

　이름이 보이고 있다. 이를 통하여 신인식은 메리다에서 프론테라지방으로 이동하였음과 그곳에서 채소장사를 하고 있음을 짐작해 볼 수 있다. 아울러 그는 1918년에는 프론테라지방회에서 평의원으로 활동하고 있다.* 한편 1919년에는 대한적십자회비도 납부하고 있다. **

　신인식은 김윤문이 1919년 10월 25일에 대한인국민회 중

---

*　신한민보 1918년 1월 3일자 〈프론데라지방회〉

**　동족을 사랑하면 우리 적십자회에 응모하시오 신한민보 1919년 9월 30일자

앙총회 재무 백일규에게 보낸 독립의연금과 의무금 송부 서한에,

> 멕시코 소노라주 엘 티그레(El Tigre) 파출위원 김윤문은 현 지방에서 애국금 수봉을 위해 힘쓸 것임과 신인식(辛仁植)의 독립의연금 10원(미화 10원)과 의무금을 중앙총회에 송부하고 그 영수증을 청구했다.

라고 있듯이, 1919년 10월에는 멕시코 소노라주 엘 티그레(El Tigre)에 거주하고 있었으며, 독립의연금 10달러를 대한인국민회 중앙총회에 기부하고 있음을 볼 수 있다. 아울러 신인식은 김윤원이 대한인국민회 중앙총회장 윤병구에게 보낸 의연금 송부 서한(1919.12.9.)에도,

> 멕시코 소노라주 엘 티그레(El Tigre) 지방에 사는 김윤원은 현지 동포들의 수가 6명인데 그 중 2명은 한인으로서의 의무를 이행하지 않거나 노동생활이 대단히 어려운 자여서 4명만 의연하게 되어 미화 4달러를 송부한다고 했다. 의연자는 김윤원, 김우용, 권병욱, 신인식이라 했다.

라고 있듯이, 의연하고 있음을 볼 수 있다.

한편 신인식은 신한민보 1932년 12월 25일자 〈원동사변 임시위원회〉에 도산 안창호를 위하여 15패소를 기부하고 있

다. 이는 신인식의 안창호에 대한 존경심을 짐작해 볼 수 있는 부분이 아닌가 한다.

신한민보 1938년 3월 10일자 〈신인식씨 베라크루스 심방〉에서는 신인식을 치아파스에서 사업을 경영하는 인물로 보도하고 있다. 이를 통해 소노라주 엘 티그레(El Tigre) 지방에서 치아파스로 이주하였음을 추정해 볼 수 있다. 아울러 신한민보 1939년 6월15 일자 〈각지공금 – 의무금〉 코앗사코알코스에서 10원을 지출하고 있다. 이를 통하여 1939년에는 코앗사코알코스로 이주하여 살고 있음을 알 수 있다. 그 이후 신인식은 1940년대부터는 코앗사코알코스지방의 집행위원장으로 활동하는 등 활발한 활동을 보이고 있다. 특히 1944년 11월 경에는 멕시코시티의 집행위원장으로 활동하는 등 중심적인 역할을 하고 있다.

신인식은 항일적인 성격이 강하였으며, 독립운동에 기부금도 많이 낸 것으로 보인다. 이를 보여주는 기록들을 보면 다음과 같다. 우선 신인식의 항일적인 면모는 다음의 기록을 통하여 단편적으로 짐작해 볼 수 있지 않을까 한다.

대한인국민회 멕시코 코앗사코알코스지방회가 대한인국민회총회에 신인식과 안인식의 애국 행동을 선전한 공한(1942)

신인식은 신병으로 수개월 고생하다 겨우 영업을 재개했고 부인
은 본토인이나 자녀는 없이 고독한 생활을 하고 있는데 국치의 치
욕을 씻기 위해 넉넉하지 않은 가운데 100원을 독립금으로 내어
놓았다. 안인식은 74세의 고령으로 거동조차도 어려운데도 불구
하고 독립금수봉위원을 자원하여 본 지방의 8월 29일 국치기념식
때 매일 5전씩 의연하기로 작정한 인물이다. 이런 두 사람의 행적
을 신한민보에 게재해 줄 것과 신인식의 영수증을 보내줄 것을 요
청했다.

한편 신인식은 어느 시점인지 정확히 알 수는 없지만 멕시
코 소노라주 엘 티그레(El Tigre) 지방에서 코앗사코알코스지
방으로 이동한 것으로 보인다. 1942년 1월부터 집행위원장
으로 기록이 나오고 있다.

대한인국민회 멕시코 코앗사코알코스지방회 집행위원장 신인식이
중앙상무부 총무 김병연에게 보낸 통상회 보고(1942.1.13.)
코앗스코알코스지방회는 1월 11일 오후 3시 12명이 참석한 가운
데 통상회를 열고 의결 처리한 사항을 보고했다. 의결 처리한 건은
고 김창현의 부인 김 소사가 1월 3일 별세함에 그다음 날 공동묘지
에 장사했고, 각종 공금을 수연해 중앙상무부로 상납하기로 했으
며, 천재일시의 좋은 기회에 전시부담금으로 매인이 5원을 의연하
기로 했으나 본 지방 한인생활의 형편상 돈을 내기 어려워 난감한
실정이나 할 수 있는 한 최선을 다해 의연할 것임을 의결했다.

그리고 1944년 10월의 다음의 기록까지 집행위원장으로 기록되고 있다.

대한인국민회 멕시코 코앗사코알코스지방회 보고 제15호(1944. 10. 26.)

1) 노동 가능자가 가족을 이곳에 두고 홀로 가서 일하다가 종전 후 다시 돌아오면 된다는 공문의 내용을 검토했으며, 2) 이곳 청년 중 부모 슬하에 있는 이라면 처자가 있으니, 이들이 7-8명에 달하는 부모처자, 특히 6-70대 노인을 버리고 일하러 갈 이유가 없으며, 3) 시세의 변화에 따라 좋은 기회를 만났다며 동포간에 서로 분규와 분쟁이 일어난다고 하니 서로 양보하고 화해하기를 바란다고 통보하였다.

신인식은 다음의 기록들을 통해 볼 때, 1945년 11월부터 1946년 1월에도 멕시코시티 집행위원장으로 활동한 것으로 보인다.

1. 대한인국민회 멕시코 묵경(멕시코시티)지방회 집행위원장이 대한인국민회 중앙상무부 총무 조원두에게 보낸 임원 선출 보고 (1945.11.5.)

지방회는 10월 7일과 11월 4일 대회를 열고 많은 논의를 한 끝에 전 임원이 총사퇴하고 새 임원을 선정하였음을 보고했다. 새로 선출된 임원은 집행위원장 신인식, 총무 서춘동, 서기 황보영주, 청년부원 박진영, 구제원 권병희, 교육부원 이건세, 선전원 김동철,

실업원 김동필, 감찰원 이경재, 대표원 김상옥이다.

2. 대한인국민회 멕시코 묵경(멕시코시티)지방회 집행위원장 신인
식이 대한인국민회 중앙상무부 총무 조원두에게 보낸 통상회 보고
(1946.1.7.)

묵경지방회는 1월 6일 통상회를 열고 회무 처리 사항은 없고 임시
재무 박진영의 재정 보고에 따라 12월 수입 129원 50전, 전월 이
월금 59원 45전 해서 총수입 188원 95전이고 지출은 61원 5전
해서 현 여재금은 127원 90전임을 보고했다.

한편 신인식은 인구세, 의무금 등 외에 독립운동을 위하
여도 지속적으로 기금을 기부하고 있다. 1923년과 1925년,
1934년에는 한국에 수재가 나자 이를 후원하는 기금을 납부
하고 있다.* 아울러 만주사변 이후 고생하는 동포들을 위하
여 〈재만동포의 구제금〉도 출연하였다.** 또한 국치기념금,***
3·1금도 기부하고 있다.**** 또한 독립금과***** 광복군후원금도
기부하여 독립을 열망하고 있다.******

---

* 〈내지 수재 구제〉 신한민보 1923년 10월 25자, 신한민보 1934년 10월 11일
  자, 〈수재 구제금〉 신한민보, 1925년 10월 8일자.
** 신한민보 1932년 1월 21일자.
*** 신한민보 1941년 9월 25일자.
**** 신한민보 1935년 7월 18일자. 1937년 7월 29일자, 1938년 8월 18일,
  1941년 9월 25일자.
***** 신한민보 1941년 9월 25일자 1943년 5월 27일자. 1944년 6월 29일자.
  1945년 1월 4일자.
****** 신한민보 1940년 12월 19일자.

신인식 관련자료(독립기념관 소장)

최초 공개된 독립기념관에 소장된 대한인국민회 자료에는 멕시코, 쿠바 한인들에 관한 원본 자료들이 다수 있어, 당시의 모습을 생동감 있게 느낄 수 있다. 좀 길지만, 대표 사례로 신인식 자료를 통하여, 시기적 변화에 따른 멕시코 한인의 활동상을 짐작해 보고자 한다.

〈1919년〉

1. 대한인국민회 멕시코 소노라주 엘 티그레 파출위원 김윤원이 대한인국민회 중앙총회 인구조사 등록총위원 김성권에게 보낸 공문(1919.7.12.)

1919년 7월 12일 멕시코 소노라주 엘 티그레 파출위원 김윤원이 대한인국민회 중앙총회 인구조사 등록총위원 김성권에게 보낸 공문이다.

김윤원은 엘 티그레 지방 인방에 거류하는 한인 인구를 조사한 결과를 별첨으로 보고했는데, 조사한 사람은 황두영, 송영욱, 윤순영, 황병주, 신인식, 허태형, 이국빈, 이치화, 현홍순, 박경운이고, 김윤원, 김우용, 권병욱은 이미 등록을 마쳤다고 했다.

2. 김윤문이 대한인국민회 중앙총회 재무 백일규에게 보낸 독립의연금과 의무금 송부 서한(1919.10.25.)

멕시코 소노라주 엘 티그레(El Tigre) 파출위원 김윤문은 현 지방에서 애국금 수봉을 위해 힘쓸 것임과 신인식(辛仁

植)의 독립의연금 10원(미화 10원)과 의무금을 중앙총회에 송부하고 그 영수증을 청구했다.

3. 김윤원이 대한인국민회 중앙총회장 윤병구에게 보낸
   의연금 송부 서한(1919.12.9.)

멕시코 소노라주 엘 티그레(El Tigre) 지방에 사는 김윤원은 현지 동포들의 수가 6명인데, 그 중 2명은 한인으로서의 의무를 이행하지 않거나 노동생활이 대단히 어려운 자여서 4명만 의연하게 되어 미화 4달러를 송부한다고 했다. 의연자는 김윤원, 김우용, 권병욱, 신인식이라 했다.

〈1942년〉

1. 대한인국민회 멕시코 코앗사코알코스지방회가 대한
   인국민회총회에 신인식과 안인식의 애국 행동을 선
   전한 공한(1942)

신인식은 신병으로 수개월 고생하다 겨우 영업을 재개했고 부인은 본토인이나 자녀는 없이 고독한 생활을 하고 있는데 국치의 치욕을 씻기 위해 넉넉하지 않은 가운데 100원을 독립금으로 내어 놓았다. 안인식은 74세의 고령으로 거동조차도 어려운데도 불구하고 독립금수봉위원을 자원하여 본 지방의 8월 29일 국치기념식 때 매일 5전씩 의연하기로 작정한 인물이다. 이런 두 사람의 행적을 신한민보에 게재해 줄 것과 신인식의 영수증을 보내줄 것을 요청했다.

2. 대한인국민회 멕시코 코앗사코알코스지방회 집행위원장 신인식이 중앙상무부 총무 김병연에게 보낸 통상회 보고(1942.1.13.)

코앗스코알코스지방회는 1월 11일 오후 3시 12명이 참석한 가운데 통상회를 열고 의결 처리한 사항을 보고했다. 의결 처리한 건은 고 김창현의 부인 김 소사가 1월 3일 별세함에 그다음 날 공동묘지에 장사했고, 각종 공금을 수연해 중앙상무부로 상납하기로 했으며, 천재일시의 좋은 기회에 전시부담금으로 매인이 5원을 의연하기로 했으나 본지방 한인생활의 형편상 돈을 내기 어려워 난감한 실정이나 할 수 있는 한 최선을 다해 의연할 것임을 의결했다.

3. 멕시코 코앗사코알코스지방회 집행위원장 신인식이 중앙상무부 총무 김병연에게 보낸 3·1절 기념행사 보고(1942.3.3.)

코앗사코알코스지방회는 1942년 3·1절 기념행사를 오후 3시 조여삼의 사택에서 거행하였음을 보고했다. 이날 3·1절 기념행사 때 3·1정신을 발휘할 시기라는데 인식을

같이 하고 독립금을 성력껏 다할 것을 결심하였다. <u>그리하</u>
<u>여 신인식은 금년 내로 200원을 예약했고,</u> 이어서 공인덕
60원, 이근영 60원, 임억보 60원, 김우용 60원을 예약했
으며 그 외 회원들은 당장 예약할 수 없지만 할 수 있는 대
로 성의껏 의연할 것임을 약속했음을 알렸다.

4. <u>대한인국민회 멕시코 코앗사코알코스지방회 집행위</u>
   <u>원장 신인식이 중앙상무부 총무 김병연에게 보낸 신</u>
   <u>문보도건 공문</u>(1942.3.18.)

코앗사코알코스지방회는 대한인국민회 기관지 신한민
보에 본 지방에서 보고하는 내용이 보도되지 않은 이유가
무엇인지 궁금하며 그 가운데 본 지방의 사망 보고가 신
한민보에 기재되지 않은 점에 대해서도 이해할 수 없다는
것을 밝혔다.

5. <u>대한인국민회 멕시코 코앗사코알코스지방회 집행위</u>
   <u>원장 신인식이 중앙상무부 총무 김병연에게 보낸 신</u>
   <u>문보도건 보고</u>(1942.4.2.)

1942년 4월 2일 멕시코 코앗사코알코스지방회 집행위
원장 신인식과 총무 이근영이 대한인국민회 중앙상무부
총무 김병연에게 신문 미보도에 이의를 제기한 공문이다.
코앗사코알코스지방회는 매번 보내는 보고가 신한민보

에 게재되지 않고 있는 것에 대해 이의를 제기했다. 즉, 1월 13일에 묵화 227원 50전을 보낼 때 의연자와 의연금, 그리고 사망자 보고까지 했고, 2월 1일 국민회 창립 기념 보고에는 돈 낸 사람과 금액을 보고했으나 신문에 게재되지 않았다. 이곳 동포 회원들은 마음이 해태해져 통상회에 오는 사람이 없고 공금 수연도 힘든 상황이며 향후 신문에 게재되는 것을 보아서 돈을 부치겠다고 한다. 3월 1일 경축 행사를 시행하라는 공문을 발송했다는 소식을 신문을 통해 봤으나 본 지방회에 그러한 공문이 온 바가 없으며 증명권도 보낸다는 것도 말 뿐이고 아무 소식이 없다고 했다. 하와이의 신문 대금으로 5명이 묵화 20원을 보낸 뒤 영수증은 받았으나 신문에는 신문대금을 냈다는 기사가 없는데 이런 상황이 지켜본 지방 동포 회원들은 그 심리가 많이 해태해지므로 조사해 줄 것을 요청했다.

6. 멕시코 코앗사코알코스지방회 집행위원장 신인식이 대한인국민회 중앙상무부 총무 김병연에게 보낸 통상회 보고(1942.4.13.)

코앗사코알코스지방회는 4월 13일 오후 3시 반 회원 7명이 조여삼의 사택에서 모여 통상회를 열고 회무 처리한 사항을 보고했다. 그 내용은 편영대가 3~4개월 동안 병석에 누워 있어 위로금 5원을 지출한 것, 돈을 낸 것이 신한민보에 게재되지 않아 회원들의 말이 많으니 1월 13일에 보낸 공전이 신문에 게재되는 것을 본 후 송금하기로 한 것, 한인 증명패를 받은 자들의 성명록을 만들어 보고하기로 한 것, 현 지방 거류 한인들의 가난한 사정을 중앙상무부에 보고하기로 한 것 등이다.

7. 대한인국민회 멕시코 코앗사코알코스지방회 집행위원장 신인식이 중앙상무부 총무 김병연에게 보낸 한인신분 보호건 보고(1942.4.15.)

멕시코정부가 미일전쟁 발발 이후 자국 내에 있는 왜놈들을 잡아서 별도의 지역으로 보내려 한다면서 한인도 일본의 속국인 즉 일인과 동일하다는 풍설이 있다. 이곳 한인들은 멕시코 정부를 상대로 대한인국민회 중앙상무부가 보내준 한인증명패로 한인됨을 설명하였지만 이것으로 한인들의 안전이 보장되지 않고 있다. 이것은 한인을 보호한다는 명령이 없기 때문이니 주미외교위원부를 통해 주미 멕시코 공사와 잘 교섭하여 멕시코정부로 하여금 한인은 일인과 같지 않다는 점을 밝혀 줄 것을 요청했다.

8. 대한인국민회 멕시코 코앗사코알코스지방회 집행위원장 신인식이 대한인국민회 중앙상무부 총무 김병

연에게 보낸 통상회 보고 제7호(1942.5.6.)

코앗사코알코스지방회는 5월 3일 조여삼의 사택에서 통상회를 열고 회무 처리한 내용을 보고했다. 그 내용은 독립금 수봉, 대한인국민회총회가 보내준 한인 증명권 분급, 영어를 아는 사람이 없어 인구조사표를 스페인어로 등록한 것이다. 한인 증명권을 받은 사람은 김양수, 공인덕, 김영세, 편영대 등 33명이고 독립금 수봉이 어려운 점은 본 지방의 물가가 올라가는 데다 일도 없어 재류 한인 생활의 곤고함이 이루 말할 수 없는 형편 때문이라 했다.

9. 멕시코 코앗사코알코스지방회 집행위원장 신인식이 재미한족연합위원회 집행부위원장 김호에게 보낸 인구조사 보고(1942.5.7.)

코앗사코알코스지방은 인구 조사의 서식지가 모두 영어로 되어 있어 이곳 사람들 중에 영어를 아는 사람이 없기 때문에 대신 스페인어로 써서 보내니 혹 서식에 잘못이 있더라도 양해해 줄 것을 요청했다.

10. 멕시코 코앗사코알코스지방회 집행위원장 신인식이 대한인국민회 중앙상무부 총무 김병연에게 보낸 현지 사정 보고 제9호(1942.5.29.)

코앗사코알코스지방회는 멕시코정부가 외국인 등록세

를 받는 것인지를 조사해 보니 멕시코 중앙정부의 명령으로 등록값 30원, 문서서식 대행값 10원, 사진값 3원 등 총 43원이 들었으나, 등록표는 아직 받지 못했다고 보고했다. 묵경지방회에서 멕시코 한인의 외교통일문제를 대한인국민회총회에 청원한 것을 본 지방회도 익히 알고 있는데 현 전시상황에서 멕시코 한인들의 통일을 촉성하는 것은 바람직하며 이를 위해 묵경에 있는 한종원과 이순여를 외교위원으로 추천한다고 했다. 그 외 본 지방회가 수봉한 독립금 400원(미화 81원 93전)을 5월 12일자 등기로 보냈는데 잘 받았는지 회신해 줄 것을 요청했다.

11. 대한인국민회 멕시코 코앗사코알코스지방회 집행위원장 신인식이 대한인국민회 중앙상무부 총무 김병연에게 보낸 통상회 보고 제10호(1942.6.10.)

코앗사코알코스지방회는 6월 7일 오후 3시 23명의 회원 및 동포들이 조여삼의 사택에서 모여 통상회를 열고 회원 동정과 회무 처리 사항을 보고했다. 회원 동정으로는 편영대가 신병으로 병석에 누워 있으므로 특별 의연금을 거두어 주기로 했고, 김요한 부부는 6월 6일, 편영대 부부는 6월 5일 여아를 출산했다고 했다. 이근영은 미국에서 왜놈을 타처로 보내는데 한인들이 안전하게 지내게 된 것

은 임시정부와 재미한족연합위원회, 주미외교위원부의
은덕이라고 연설했다.

회무 처리한 사항은 본 지방 한인들이 아무리 가난하고
어려워도 한인된 의무를 다하기 위해 5원 혹은 1, 2원 혹
은 몇십 전이라도 의연할 것을 작정하고 이를 어길 경우
한인 증명패나 증명권을 회수하기로 한 것, 주미외교위원
부 서기 장기영의 포고문을 보니 임시정부와 재미한족연
합위원회, 주미외교위원부를 모욕한 인물은 한순교라 하
니 이 같은 인물은 우리 민중의 죄인일 뿐만 아니라 미국
의 죄인이니 극형에 처함이 가한 줄로 여겨 장기영에게
이런 내용으로 회답하기로 한 것 등이다. 추신으로 이 지
방 미국영사에게 신한민보 1부를 무료로 보낸다고 하고
인구조사표를 부송하였는데 받았는지를 물었다.

12. 대한인국민회 멕시코 코앗사코알코스지방회 집행위원장 신인식이 대한인국민회 중앙상무부 총무 김병연에게 보낸 통상회 보고(1942.8.4.)

코앗사코알코스지방회는 8월 2일 오후 3시 반 18명의
회원들이 모인 가운데 조여삼의 사택에서 통상회를 열고
회무 처리한 사항을 보고했다. 먼저 편영대의 병세가 악화
되고 있음을 알렸다. 주미외교위원부의 이승만이 본 지방

회에 공함을 보내 지금 미국에는 농사지을 농군이 부족하여 농군을 모집하는 중인데 멕시코와 쿠바에 산재한 한인 동포들에게 미국으로 이민가라 권유하고 이민갈 사람이 얼마나 되는지 알려달라고 하는데 우리의 영사와 공사로 믿고 있는 대한인국민회총회는 이번 일에 대해 아무런 소식이 없으니 자세히 파악해 알려줄 것을 요청했다.

13. 대한인국민회 멕시코 코앗사코알코스지방회 집행위원장 신인식이 대한인국민회 중앙상무부 총무 김병연에게 보낸 공전 송부 보고 제13호(1942.8.19.)

코앗사코알코스지방회는 인구세 31원, 독립금 225원 50전, 신한민보 대금 45원 등 각종 공전 도합 301원 50전과 의연자 명단을 대한인국민회총회로 송부하니 신한민보에 게재해 줄 것과 영수증을 보내줄 것을 요청했다. 그 외 편영대가 1월 2일부터 병석에 누운 관계로 본 지방회에서 위로금을 다소 지불했으며 다른 동포들도 특별 의연금을 거두어 도왔으나 아직도 그의 병세가 호전되지 않아 동포들이 많이 애석해하고 있다고 전했다.

14. 대한인국민회 멕시코 코앗사코알코스지방회 집행위원장 신인식이 대한인국민회 중앙상무부 총무 김병연에게 보낸 현지 사정 보고(1942.9.7.)

코앗사코알코스지방회는 8월 29일 국치기념식을 거행하고 기념금으로 수봉한 30원을 송부할 것이라 했다. 본 지방에 34년간 살았던 편영대가 8월 31일 세상을 떠나 9월 1일 공인덕의 주례로 장례를 치렀고, 장례 경비로 20원을 지출하고 남은 돈이 40원인데 이 돈은 가난한 한인 동포들이 특별 의연을 한 것이라 했다. 편영대는 생전에 우리 한인들을 위해 애쓴 인물이어서 한인 동포들도 그가 병중에 있을 때 위문하였는데 그만 53세의 일기로 별세하니 이곳 한인들은 그의 죽음을 몹시 애석해한다고 했다.

15. 대한인국민회 멕시코 코앗사코알코스지방회 집행위원장 신인식이 대한인국민회 중앙상무부 총무 김병연에게 보낸 통상회 보고(1942.9.)

코앗사코알코스지방회는 9월 6일 조여삼의 사택에서 통상회를 열었으나 총무 이근영과 외교원 김한산이 유고 불참으로 정족수가 되지 않아 열지 못하고 다음 달 통상회로 연기하기로 했음을 보고했다. 그리고 김명순이 치료 중이며, 조승운이 한인증명권을 청구하여 사진 2장을 보내며, 8월 20일 묵화 301원 50전(미화 61원 70전)과 의연금 납부자 명단을 보냈는데 잘 받았는지 궁금하다고 했다.

16. 대한인국민회 멕시코 코앗사코알코스지방회 집행

위원장 신인식이 대한인국민회 중앙상무부 총무 김 병연에게 보낸 통상회 보고 제8호(1942.10.5.)

코앗사코알코스지방회는 10월 4일 오후 3시 9명이 모인 가운데 조여삼의 사택에서 통상회를 열고 회무 처리한 사항을 보고했다. 9월 한 달 동안 회원 동포 2명이 작고하여 이들의 장례를 치르느라 그에 따른 특별 의연을 거두기로 했고, 독립금은 총회로 송부하기로 했으며, 신인식의 상점에 도둑이 들어 천여 원의 손실을 거두었기에 한인들이 위로했다고 했다.

17. 대한인국민회 멕시코 코앗사코알코스지방회 집행위 원장 신인식이 대한인국민회 중앙상무부 총무 김병 연에게 보낸 회원 사망 보고(1942.10.23.)

코앗사코알코스지방회는 김명순이 그동안 치료를 위해 노력했으나 병세가 호전되지 못해 결국 별세했음을 보고했다. 그는 서울 출신으로 나이는 64세인데 그의 장례는 남녀 동포들과 멕시코인들과 공동으로 치렀고 본 지방회에서 장례비 20원을 지출했다고 했다.

18. 대한인국민회 멕시코 코앗사코알코스지방회 집행위 원장 신인식이 대한인국민회 중앙상무부 총무 김병 연에게 보낸 지방대회 결과 보고 제18호(1942.12.1.)

코앗사코알코스지방회는 11월 29일 오후 3시에 8명이 조여삼의 사택에 모여 지방대회를 열고 회무 처리한 사항을 보고했다. 먼저 내년도 새 임원으로 선출된 사람은 <u>집행위원장 신인식</u>, 총무 이근영, 서기 최윤, 구제원 겸 수전원 안인식, 선전원 김한산, 감찰원 겸 대표원 공인덕이다. 재정 상황은 1941년 12월부터 1942년 11월까지 총수입 1,400원 40전이고 총회 중앙상무부로 부친 929원과 이제 부칠 165원, 본 지방회 경비 215원 60전을 감하면 여재액은 90원 80전이라 했다. 빈곤한 지방에서 이만한 돈을 수봉한 것에 감사하되 특별히 80 노년인 안인식의 수봉노력에 감사를 표했다. 그 외 본 지방 한인들의 실업 현황과 출생자(3명) 및 사망자(3명)를 보고했다.

19. 대한인국민회 멕시코 코앗사코알코스지방회 집행위원장 신인식이 대한인국민회 중앙상무부 총무 김병연에게 보낸 결혼소식 보고(1942.12.23.)

코앗사코알코스지방에 재류하는 김성민의 셋째 아들 김영세(20세)와 고문석의 셋째 딸 문마리아(20세)가 12월 19일 오후 7시 본 지방 정부[관청]에서 결혼식을 가졌고 신부 집에서 내외국인 수백 명이 모인 가운데 3시간 동안 연회를 가진 후 12시에 폐회했음을 보고했다.

⟨1943⟩

1. 대한인국민회 멕시코 코앗사코알코스지방회 집행위
   원장 신인식이 대한인국민회 중앙상무부 총무 김병
   연에게 보낸 통상회 보고 제1호(1943.1.26.)

코앗사코알코스지방회는 1월 10일 주일 오후 3시에 7명
이 조여삼의 사택에서 통상회를 열고 의결처리한 사항을
중앙상무부에 보고했다. 먼저 회원 동정에 대해 1942년
12월 11일 김강산과 정태순 부부가 출산으로 득남했음을
알렸고, 작년도에 수봉한 공전을 대한인국민회총회로 부
송한 것과 하와이 한인 신문의 대금을 낸 사람과 그 금액
을 별지에 기록해 보내줄 것을 요청했다.

2. 멕시코 코앗사코알코스지방회 집행위원장 신인식이
   대한인국민회 중앙상무부 총무 김병연에게 보낸 국
   민회 창립기념 행사 보고 제2호(1943.2.5.)

코앗사코알코스지방회는 1943년 2월 1일 국민회 창립
제33주년 기념식을 당일 오후 3시 조여삼의 사택에서 거
행하고 그 식순을 보고했다. 기념행사는 집행위원장 신인
식의 개회사를 시작으로 이근영의 국민회 역사 발표와 기
본금 수연으로 진행되었다. 당일 기본금을 의연한 사람과
금액은 신인식, 이근영, 공인덕이 각 5원이고, 나머지 회원

들은 생활 곤란으로 향후 의연하기로 했다. 그리고 1월 26일 묵화 268원 50전(미화 55원)을 송금했는데 그 수령 소식이 없으니 회신해 줄 것을 요청했다.

3. 멕시코 코앗사코알코스지방회 집행위원장 신인식이 대한인국민회 중앙상무부 총무 김병연에게 보낸 3·1절 기념행사 보고 제3호(1943.3.5.)

코앗사코알코스지방회는 대한인국민회 중앙상무부의 훈시에 의거하여 3월 1일 오후 3시 반에 3·1절 기념식을 조여삼의 사택에서 거행하고 그 식순을 보고했다. 기념식은 집행위원장의 개회사와 애국가 제창, 기도, 최윤의 독립선언서 낭독, 독립금 수연 등의 절차로 진행되었다. 이 날 독립금에 대해 신인식은 매월 10원을 내기로 했고, 이근영은 당석에서 10원을 낸 후 매월 5원을 내기로 했으며, 공인덕과 임억복은 5원을 내고 매월 5원을 내기로 했다. 그리고 당석에서 김치명 5원, 최윤 2원, 안인식, 조한순, 조한순 모친은 각 1원을 냈다.

4. 대한인국민회 멕시코 코앗사코알코스지방회 집행위원장 신인식이 대한인국민회 중앙상무부 총무 김병연에게 보낸 통상회 보고 제8호(1943.8.3.)

코앗사코알코스지방회는 8월 1일 6명이 참석한 가운데

조여삼의 사택에서 통상회를 열고 각종 재정 수입 내역을 보고했다. 독립금 수입은 신인식, 이근영 등 6명이 낸 105원, 구제금은 신인식, 공인덕 등 16명이 낸 40원, 신한민보 대금은 신인식 등 5명이 낸 25원, 인구세는 한석보 등 10명이 낸 14원이다. 구제금은 즉시 지출하였고 독립금은 더 수합한 뒤 상납하기로 의결처리했다.

5. 대한인국민회 멕시코 코앗사코알코스지방회 보고 제10호(1943.9.10.)

1) 8월 29일 8명이 모여 국치기념식을 거행했으며, 기념금 납부자는 신인식(5원), 이근영(5원) 2인이다. 2) 의무금과 독립금을 거두어 8월 31일까지 보내라는 중앙총회의 공문이 8월 29일에 도착했기 때문에 이를 이행하지 못하였으며, 10월 통상회에서 의무금과 독립금을 거두는 대로 보고할 것이다.

6. 대한인국민회 멕시코 코앗사코알코스지방회 집행위원장 신인식이 대한인국민회 중앙상무부 총무 김병연에게 보낸 통상회 보고 제13호(1943.10.5.)

코앗사코알코스지방회는 10월 3일 11명이 참석한 가운데 조여삼의 사택에서 통상회를 열고 의결 처리한 사항을 보고했다. 수봉한 독립금과 각종 공전은 즉시 대한인국민회 중앙상무부로 부치기로 했고, 청년들 다수가 타처로 가서 일하는 관계로 이들이 귀환한 후 이전 결정을 내리겠지만 70 노친과 처자를 동행해야 하는데 가능한지 여부를 물었으며, 공금을 낸 사람과 금액을 별지에 기록하니 영수증을 보내달라고 요청했다. 그리고 국민보 신문대금은 하와이 국민보사로 보내줄 것을 중앙상무부에 당부했다.

7. 대한인국민회 멕시코 코앗사코알코스지방회 집행위원장 신인식이 대한인국민회 중앙상무부 총무 김병연에게 미국 이주건으로 보낸 공한(1943.10.19.)

코앗사코알코스지방회는 대한인국민회총회에서 보내준 169호 공문에 멕시코와 쿠바의 한인들을 미국으로 이주시키기 위해 교섭 중이라 하고 코앗사코알코스 거류 한인 20명을 등록해 보내라고 했는데 몇 가지 의문사항이 있어 질문한다고 했다. 이곳 재류 한인들은 미국으로 건너가 일하기를 원하나 55세 이상 노인과 16세 이하의 자식들은 같이 갈 수 없다는 조항 때문에 미국에 갈 수 없는 사람들에 대해선 어떻게 해야 하는지를 알고 싶다고 했다. 또 멕시코 국적으로 출생한 한인 청년들은 반환[멕시코 귀환]증명서를 얻기 힘들 것 같고, 미국에 가면 어떤 일을 하고 의식주는 어떻게 해결하는지, 또 누가 와서 멕시코와 쿠바의 한인들을 인도해 가는지 등을 알려줄 것을 요청했다.

8. 대한인국민회 멕시코 코앗사코알코스지방회 보고 제 17호(1943.11.8.)

1943년 11월 8일 대한인국민회 멕시코 코앗사코알코스 지방 위원장 신인식이 국민회 중앙상무부 총무 김병연에게 보낸 보고서 제17호이다. 11월 7일 지방회의 처결사항은 1) 내년도 임원 추천 선임 사항, 2) 독립금은 거두는대로 상무부로 보낼 일, 3) 코앗사코알라스지방회의 재정조사, 4) 내년도 임원록은 위원장 신인식, 총무원 이근영, 서무원 최윤, 구제원 겸 수전원 안인석, 감찰원 겸 대표원 공인덕, 외교원 김봉국, 재정조사원 김성민 등, 5) 8월 29일 국치일에 신인식·이근영이 5원씩 냈고, 하와이 국민보 구독대금으로 신인식·이근영·공인덕이 5원씩 기부함.

9. 대한인국민회 멕시코 코앗사코알코스지방회 집행위 원장 신인식이 대한인국민회 중앙상무부 총무 김병 연에게 보낸 아동 현황 보고(1943.11.25.)

코앗사코알코스지방회는 대한인국민회총회 184호의 공문에 의거하여 본 지방 남녀 아동들을 조사해 보고했다. 본 지방에 거류하는 남녀 아동의 수는 총 85명이고 조사한 대상은 김성민, 공인덕, 조여삼, 최윤, 신인식, 김치명, 김요한, 노덕현, 이근영, 정대흥, 정태임, 강영진, 김우용, 안인식, 임억복, 양명곤, 한석보, 김무쇠, 조승운, 권창선 가정의 자녀들이다.

10. 대한인국민회 멕시코 코앗사코알코스지방회 집행위원장 신인식이 대한인국민회 중앙상무부 총무 김병연에게 보낸 통상회 보고 제18호(1943.12.26.)

코앗사코알코스지방회는 12월 5일 주일날 오후 3시 조여삼의 사택에서 9인이 모인 가운데 통상회를 열고 의결 처리한 사항을 보고했다. 먼저 재정조사원 김성민의 보고에 따르면, 작년 12월부터 금년 11월까지 각종 공전 수입의 총액은 1,037원 80전이고 총지출은 834원 84전이며 여재금(잔액)은 202원 96전인데, 그중 독립금 여재금은 23원, 본 지방회 여재금은 179원 96전이다. 총 지출 834원 84전 가운데 대한인국민회총회로 1차 268원 50전, 2차 245원 50전, 3차 293원 해서 총 807원을 송금했고, 여재금은 27원 84전이다. 그 외 회원 의무를 성실히 감당하고 있는 양명권의 신병이 위중하다는 소식을 듣고 동정을 위한 특별의연을 수봉하기로 의결했다.

〈1944년〉

1. 대한인국민회 멕시코 코앗사코알코스지방회 집행위
   원장 신인식이 대한인국민회 중앙상무부 총무 김병
   연에게 보낸 통상회 보고 제1호(1944.1.4.)

코앗사코알코스지방회는 1944년 1월 2일 오후 3시 30
분 조여삼의 사택에서 8명이 모인 가운데 금년도 제1차
통상회를 열고 의결 처리한 사항을 보고했다. 독립금은 전
과 동일하게 수봉하기로 했고 북가주 한인시국대회의 주
지를 찬성하나 가난한 이곳 동포들은 그저 지켜볼 뿐이라
고 했다. 회원 동정에 대해 신인식은 안질 치료차 멕시코
시티로 가게 되었고, 공인덕은 신병이 위중하여 장차 본
지방회를 유지하는 데도 어려울 것 같다고 보고했다.

2. 대한인국민회 멕시코 묵경(멕시코시티)지방회 집행위원
   장 유기인이 대한인국민회 중앙상무부 총무 김병연
   에게 보낸 회원 동정 보고(1944.2.5.)

묵경지방회는 본 지방 동포들의 사망과 인사 소식을 보
고했다. 먼저 멕시코시티에 재류하는 이순여 모친이 1월
17일 81세의 나이로 별세했고, 코앗사코알코스지방회 집
행위원 신인식과 공인덕이 안질 치료와 신병 치료를 위해
멕시코시티로 와서 치료 중인데 곧 완치될 것이라고 보고

했다.

3. 대한인국민회 멕시코 코앗사코알코스지방회 보고 제 15호(1944.10..26.)

1) 노동 가능자가 가족을 이곳에 두고 홀로 가서 일하다가 종전 후 다시 돌아오면 된다는 공문의 내용을 검토했으며, 2) 이곳 청년 중 부모 슬하에 있는 이라면 처자가 있으니, 이들이 7-8명에 달하는 부모처자, 특히 6-70대 노인을 버리고 일하러 갈 이유가 없으며, 3) 시세의 변화에 따라 좋은 기회를 만났다며 동포간에 서로 분규와 분쟁이 일어난다고 하니 서로 양보하고 화해하기를 바란다고 통보하였다.

4. 대한인국민회 멕시코 묵경(멕시코시티)지방회 집행위원장이 대한인국민회 중앙상무부 총무 조원두에게 보낸 임원 선출 보고(1945.11.5.)

아바나지방회는 10월 7일과 11월 4일 대회를 열고 많은 논의를 한 끝에 전 임원이 총사퇴하고 새 임원을 선정하였음을 보고했다. 새로 선출된 임원은 집행위원장 신인식, 총무 서춘동, 서기 황보영주, 청년부원 박진영, 구제원 권병희, 교육부원 이건세, 선전원 김동철, 실업원 김동필, 감찰원 이경재, 대표원 김상옥이다.

〈1946년〉

1. 대한인국민회 멕시코 묵경(멕시코시티)지방회 집행위원
   장 신인식이 대한인국민회 중앙상무부 총무 조원두
   에게 보낸 통상회 보고(1946.1.7.)

묵경지방회는 1월 6일 통상회를 열고 회무 처리 사항은
없고 임시 재무 박진영의 재정 보고에 따라 12월 수입 129
원 50전, 전월 이월금 59원 45전 해서 총수입 188원 95전
이고 지출은 61원 5전 해서 현 여재금은 127원 90전임을
보고했다.

2. 멕시코 묵경(멕시코시티)지방회 집행위원장 신인식이 대
   한인국민회 중앙상무부 총무 조원두에게 보낸 국민
   회 창립기념식과 통상회 보고(1946.2.5.)

묵경지방회는 1946년 2월 1일 오후 8시 국민회 창립 기
념식을 순서에 따라 거행하고 기념금으로 23원을 수봉했
으며, 2월 3일 오후 8시 통상회 때 재정 상황을 점검한 결
과 총수입 245원 40전, 당월 지출 73원 50전 해서 현 여재
금은 171원 90전임을 보고했다.

3. 대한인국민회 멕시코 묵경(멕시코시티)지방회 집행위원
   장 신인식이 대한인국민회 중앙상무부 총무 조원두
   에게 보낸 특별회 결과 보고(1946.6.10.)

묵경지방회는 6월 9일 특별회를 열고 회무 처리한 사항

을 보고했는데 수합한 모든 공금을 대한인국민회총회로 송부하고 앞으로 수합할 내지전란구제금과 기타 모든 공금은 단기간 수봉되는 대로 송부하기로 했음을 보고했다. 그 외 본 지방회 서기 황보영주와 본 국어학교 교사가 사정상 사면 중에 있고, 본 지방회 총무 서춘동의 외손녀(16세)가 불행히 자동차 사고를 당해 치료 중 사망했음을 알렸다.

4. 멕시코 묵경(멕시코시티)지방회 집행위원장 신인식이 대한인국민회 중앙상무부 총무 조원두에게 보낸 해방 기념식에 관한 보고(1946.8.15.)

묵경지방회는 8월 15일 오후 9시 전체 동포들이 본 지방회관에 모여 해방 1주년 기념식을 거행하고 그 식순을 보고했다. 기념식은 애국가 제창과 신인식의 취지 설명, 일치 합작하여야 완전한 독립을 이룬다는 이건세의 연설 순으로 진행되었고 그다음 날 오전 2시까지 무도회를 가졌다고 했다. 그리고 이번 기념식 경비는 이순여, 김수권, 이귀봉, 이경재, 신인식, 방진형, 홍정봉, 김마리아 등이 지원했음을 알렸다.

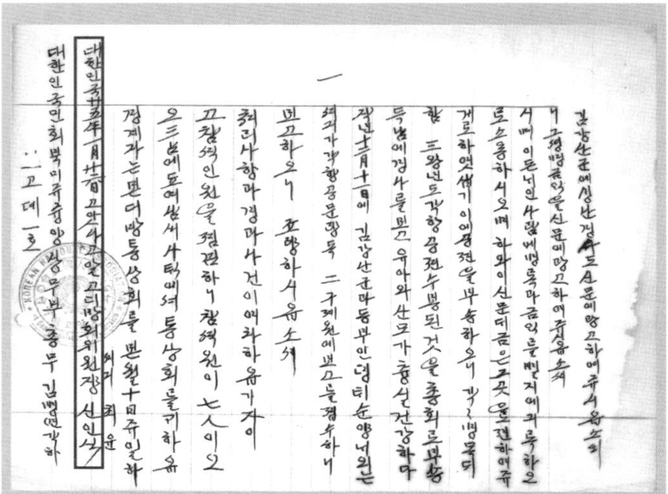

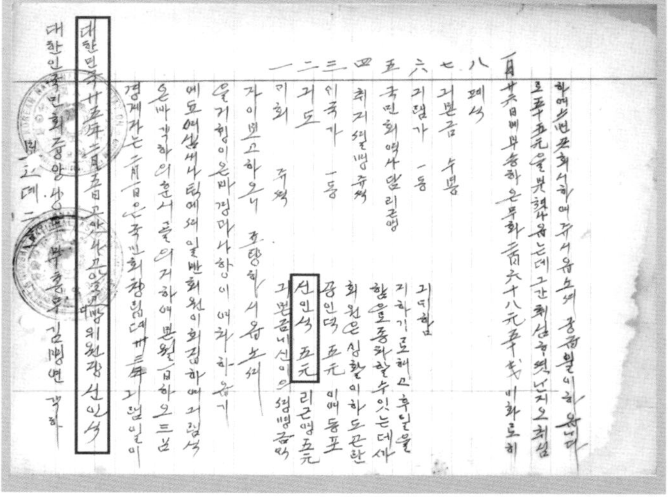

서거
최윤
선인석

파사란코디방회

민국주四년 十月卄五일...

조락하섬을 加○

연반고로 ... 사이보고하○

등안연회한후 등 十二억에더...

내외국인 수회열이 모처 三時間

차○은 민고와서선후에 김에서

七억에 本 대행정부에가서 책연

광우제 과수 十月 十九일 下午

구제와고 문명 二三次녀 문매리

김경민비의 르잇구 김영제 춘추

경계가는본 더방에 지루 하사 난

대한민국인 회둥앙 상무부

김병연 마차
흥무

심산 三人 사망 三人

...무영이가 평화셩이 대한○로와서...
선인석 김추영 四人 상무셩졀 기타로 물론 즉...
다수희셩과 하였다 ...
것을 불가하고 흥수양에 ... 미경등로래 수발하였슬 ... 대한
이것지만문한 대한에서 써 대관 문이라도 수발되
민이약平항정이 二百二五元 추수탈 을 월급하○
표분흔것이 九百二九元 파가재애이 받친것 二百二十五元外
月금흔것은 ○百四七元 흥두입一百四元 安内에 흥회상무부
하오니 지졍호사포 잔년 二
관한산 구제원을 수건흔 안녁
김학원 드러원 용인다

전천원
의원장 선인석
흥우리 근영 셔거 최윤
하오니
표광하서슴 쓰외
엇거 흥마 ○○원도 일쳔후 쳔연임이 여하하옴이 갓이 보고
회 윤죄기록하기 쳠직원이 八人이오 ○리 한 사항은 지졍수
경미가와 ...조리 ... 대방이셔본디방에

대한민국四年 十月 ... 卄九일
대한민국 회중앙상무부 ○○ 중앙이원장 선인석

■ 쿠바 아바나지방회 지도자 겸 천도교 종리사 독립운동가 안순필

쿠바로 이민 온 안순필, 김원경(마리아 김) 부부

　안순필은 오늘날 화성시 팔탄면 율암동(당시 입암리)에서 출
생하였다. 1905년 수원의 임면수멕시코이민대리점을 통하
여 멕시코로 이주한 후 1921년경 쿠바로 이주한 것으로 보
인다. 특별히 안순필에 대하여 주목하는 것은 이역만리 쿠바
에서 한인들의 국어교육에 관심을 기울였을 뿐만 아니라 부
인 김원경(정), 아들 안재명, 안군명, 안수명, 딸 안정(경)희, 안
옥희, 안홍희와 더불어 아바나 한인지방회 활동 등 한인독

대한인국민회 아바나지방회의 한인들의 3·1절 제18주년 기념대회(1937년 3월 1일)

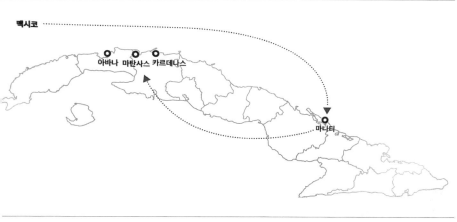

한인들의 쿠바 이동로(한국이민사박물관)

립운동에도 크게 기여한 인물이기 때문이다. 아울러 안순필은 1931년 쿠바 카르데나스 마라대로 지방에서 천도교 종리사로 활동하였다. 이 또한 주목되는 부분이 아닌가 한다. 신한민보 1931년 4월 9일자에서는 이와 관련하여 다음과 같이 보도하고 있다.

면종리원 신설
카르데나스 마라대로 지방에서는 지난 3월 7일 하오 9시에 <u>천도교인들이 모여 정식으로 면 종리원을 성립하고 종리사로는 안순필씨가 피선되어 시무 중이라더라.</u>'

안순필 인구등록표

아바나지부 회원 전체명단

　『큐바이민사』(1954)의 저자로 유명한 임천택은 쿠바의 천
도교종리원 설립과 관련하여 그의 저서에서 다음과 같이 언
급하고 있다.

> 쿠바한인천도교회가 정식으로 처음으로 조직되기는 1930년 3월
> 23일 칼데나사지방에서 임천택씨의 창립한 천도교큐바종리원입
> 니다.

　위의 기록을 통하여 볼 때, 안순필은 일찍 천도교를 신앙
하고 그 주요 책임자로 활동한 것으로 보인다. 쿠바 천도교
종리원은 1930년 3월 23일 칼데나스에 설립하였지만 곧 바
로 교무를 처리하기 위해서는 어려움이 있었다. 이에 6월 15

일 사무처리 책임을 맡을 총서기에 임천택을 선출하였다. 뿐만 아니라 교세를 확장하기 위해 노력한 결과 1931년 3월 7일 칼데나스 바라데노 지방에 면전교실을 설치하고 종리사에 안순필을 선임하였다. 그리고 이해 3월 23일 종리원 창립 1주년을 맞아 성대하게 기념식을 갖기도 하였다. 이어 마탄사스에서 포교활동으로 새로 입교한 교인 7,8명에 이르자 5월 20일 면종리원을 설치하고 종리사에 박창운, 비서에 임병일을 각각 선임하였다.*

안순필 가족의 멕시코이주는 1919년에 미주 대한인국민회 중앙총회 인구조사표에서 살펴볼 수 있다.

안순필 연령 52세, 노동 (1919년 8월 28일 조사)
원적 경기도 수원군 팔탄면 입암리
본국에 있는 가족: 동생 안순명(安順明), 49세, 농업
가족 안내 원경 37세, 아들 재명(在明) 10세, 딸 경희 7세
옥희 4세 홍희 1세.
현주: 멕시코 유카탄 메리다 229번가

여기서 주목되는 것은 안순필의 부인 〈원경〉이다. 본명은

---

* 성주현, 「쿠바한인사회를 통해 본 천도교와 민족운동」, 『한국민족운동사연구』 95, 2018, 94쪽.

166 | 잊혀진 독립운동가 필동 임면수 평전

다음의 신한민보 기사를 통해 볼 때 김원경인 것으로 보인다. 신한민보 1939년 8월 3일자에 다음과 같은 기사가 있다.

> 김부인은 마탄싸스를 심방. 영애 옥희양을 데리고 대한여자애국단 아바나지부 단장 김원경씨는 그 영애 안옥희양을 데리고 마탄싸스에 가서 (하략)

위의 기사를 통해 볼 때, 안순필의 부인은 김원경임을 짐작해 볼 수 있다. 김원경은 안옥희의 어머니로 당시 대한여자애국단 아바나지부 단장으로 활동하고 있는 점은 주목된다.

1919년 당시 10세였던 아들 안재명도 아버지를 도와 아바나지회에서 활동한 것으로 보인다. 안재명은 쿠바 아바나지방회의 대한인국민회 회원 증명권 명부, 1940년대 초경 작성된 쿠바 아바나지방회의 대한인국민회 회원 명단과 등록호수, 현주소를 기록한 명부에 이름이 나오고 있다.[*] 당시 아바나지방회의 회원들은 안재명을 포함하여 이종헌, 방한조, 문무봉, 김성재, 안옥희, 서병학, 안수명, 안덕실, 박영록, 안재명, 안순필, 김원경, 김완서, 김승만, 박순학, 김문옥, 박두현, 안군명, 박동지 등 19명이 기록되고 있다.

---

[*] 독립기념관 소장 자료 쿠바 아바나지방회의 대한인국민회 회원 증명권 명부 (1940년대 초) 자료번호2-K04629-000

여기서 다시 주목되는 점은 1940년 초경 작성된 문서에는 안재명의 동생인 안군명과 안수명*도 보이고 있다는 점이다. 그리고 딸 중에는 안옥희가 보이고 있다. 안재명은 멕시코로 돌아갔고 후손들이 체투말에 살고 있다. ** 안군명의 딸이 주한옥의 아들 주미엽과 결혼,***하였으며, 막내 아들인 안수명은 쿠바인과 결혼한 것으로 보인다. 안수명은 미국 마이애미에 살다, 2025년 3월 사망하였다. 안정희는 중국인과 결혼하였고, 안옥희는 김치일의 아들 김성재와, 안홍희는 미국 뉴욕의 김씨와 결혼한 것으로 알려져 있다. 현재 독립기념관의 조사에 의하면 쿠바 아바나에 안군명의 후손들이 살고 있는 것으로 알려져 있다. 안군명의 아들 에스테반 안에 이어 에스테반 안의 아들인 알레한드르 안이 살고 있다.****

아울러 1940년대 초경 작성된 쿠바 대한인국민회 아바나 지방회 회원명부록에도, 아버지 안순필과 함께 아들 안재명, 안군명, 안수명이 이종헌, 이인상, 이홍석, 김성재, 김완서, 김문옥, 김승만, 김윤여, 안덕실, 박두현, 박영창, 박영목, 박순학, 방한조, 문무봉, 서병학, 강홍식 등과 함께 언급되고 있

* 안수명(Lorenzo Han, 1924. 9. 16–2025. 3. 21)의 가족은 현재 미국 마이애미에 살고 있다.
** 2024년 김재기교수가 안재명의 묘소를 방문했다고 함.
*** 김재기교수의 증언.
**** 독립기념관, 『멕시코 쿠바 실태조사보고서』, 2024.

다.* 또한 대한인국민회 쿠바 아바나지방회 집행위원장 이종헌이 중앙상무부 총무 최진하에게 보낸 임원 선출 및 의결사항 보고(1939.12.7.)에서는 1940년도 새 임원은 집행위원장 김병욱, 서기 서병학, 상무위원: 총무 안순필, 교육부원 문부봉, 구제부원 안재명, 선전부원 서병학, 대표원 이인상, 감찰원 방한조이다라고 하고 있어 안재명이 구제부원으로 활동하고 있음을 짐작해 볼 수 있다.**

안순필은 1905년 3월 11일 멕시코로 이주한 후*** 메리다에 있는 농장에서 생활한 것으로 보인다. 1909년, 1912년 메리다지방회에 회원으로 등록되어 있는 것을 통하여 짐작해 볼 수 있을 것 같다. 『미주국민회자료집(도산안창호선생기념사업회, 2002』 제1권 414면에,

메리다지방 회원명록(멕시코국 유카탄도) (1909년 5월 9일 지방회 설립)
- 성명: 安順弼(년 43) (이외 명단 생략), 원적: 경기 수원군 八判面 理契洞

***

* 독립기념관 소장 1919년대한인국민회 쿠바 아바나지방회의 회원 명부록 (1940년대 초)
자료번호2-K04473-000
** 독립기념관 소장, 대한인국민회 쿠바 아바나지방회 집행위원장 이종헌이 중앙상무부 총무 최진하에게 보낸 임원 선출 및 의결사항 보고(1939.12.7.) 자료번호2-K04384-000
*** 『미주국민회자료집』(도산안창호선생기념사업회, 2002) 제9권 78면, ○북미총회 회원 신분 - 성명: 安順弼(50), 노동, 道郡面里: 경기 수원 八板面 利ㅁ洞, 상륙 일자: 1905. 3. 11, 멕시코

이라고 있고, 『미주국민회자료집(도산안창호선생기념사업
회, 2002』, 제9권 45면에도,

> 1912년 12월 14일 年終 보고서
> 북미지방총회 소관 멕시코 메리다 지방회 당년도 임원 및 회원 성명 ·
> 거주록
> – 회원: 安順弼(이외 명단 생략)

라고 있다.

안순필은 1913년 메리단 인근 대한인국민회 멕시코 캠페
체지방회 회장으로 활동하였다. 대한인국민회 멕시코 캠페
체지방회 회장 안순필이 북미지방총회장 이대위에게 보낸
현지 상황 보고(1913.5.26.)를 통해 이를 확인해 볼 수 있다.[*]

> 캠페체지방회는 근래까지 동포 수십 명이 거류하였으나 서로 단합
> 을 도모하지 못해 일반 한인들에게 걱정을 끼치게 했으나 5월 25
> 일 본회 장정 4장 30조에 의거하여 회원 31명으로 지방회를 설립
> 해 임원을 선정하고 북미지방총회에 인준을 청했다. 새로 선임된
> 임원은 회장 안순필, 부회장 배점용, 총무 김호연, 서기 김성호,
> 재무 이경순, 법무 문춘원, 구제 이경순, 외교 남연석, 평의원 추
> 용선, 오인진, 장석호이다.

---

[*] 자료번호2-K04229-000

당시에도 안순필은 메리다에서 노동을 하고 있었다. 멕시코 대한인국민회에서 조사한 인구등록표에서 직업이 노동이라고 적은 것에서 짐작해 볼 수 있다. 안순필은 1921년 쿠바로 이주한 것으로 보인다. 첫 쿠바이민자인 것이다. 『미주국민회자료집(도산안창호선생기념사업회, 2002』 제17권 294면에,

　　1921년도 북미총회 사업성적서
　　13. 마나티지방회 - 부회장: 安淳弼(安順弼의 오기인 듯-필자) (이외
　　명단 생략) (하략)

라고 있는 것이다. 즉, 1921년 안순필은 쿠바의 마나티 지방회의 부회장으로 기록되고 있기 때문이다. 1922년에는 쿠바 마나티지방회 총무로 일하고 있다. 1922년에는 카르데나스로 이주하여, 1925년에는 카르데나스지방회 대의원 및 실업부원, 1926년 마탄사스지방회 법무, 1928년 카르데나스지방회 총무로 활동하였다.

　한편 안순필은 쿠바로 이주한 직후인 1922년 일찍부터 학생들의 국어 교육에 깊은 관심을 기울인 것 같다. 안순필이 강영승에게 보낸 편지(독립기념관 소장)에,

1922년 11월 19일 카르데나스지방留 안순필 본인이 멕시코서
쿠바국에 이거하온 후 지금 양년이 되옵도록 뇌종 생활이 풍부치
못하와 근근 부지하오나 남녀 아동들을 생각하오니 스스로 탄식하
옵는 생각이 없지 못하와 우리나라 국어와 본국 사상을 교육키 위
하옵는 바 신한민보에 광포하온 아동 교과서 초등국민독습을 청구
하오니 각하께옵서 수고를 생각지 마옵시고 우리 한족의 남녀 아
동들을 일취월장 하옵게 인도하심으로 자세히 조사하와 속히 부쳐
주옵시기를 간절히 바라나이다. (하략)

라고 하여, 쿠바 가르데나 지방의 교민 안순필이 대한인국민
회 북미지방총회 총회장 강영승에게 그 지방 아동들의 교육
을 위해 아동 교과서 『초등국민독습』을 보내줄 것을 요청하
고 있다. 또한 신한민보 신한민보(1937. 8. 5.) 〈안옥희양의 생
일연 여흥은 무도회〉에서,

아바나지방회 집행위원장 겸 흥민국어학교장 안순필씨는 24일 하
오 7시에 그 차녀 옥희양의 생일연을 배설하고 (하략)

라고 하여, 안순필이 아바나지방회 집행위원장 겸 흥민국어
학교장임을 보여주고 있다. 이처럼 안순필은 쿠바한인동포
자제들의 한글교육에 깊은 관심을 갖고 있었던 것이다. 국어
학교는 일찍이 임천택에 의하여 마탄사스지방에서 시작되었

다. 임천택은 그의 저서 『큐바인민사』(태평양주보사, 1954)에서 한글학교 설립에 대하여 다음과 같이 언급하고 있다.

> 쿠바지방회가 설립된 후 얼마지나지 않아. 소규모의 국어교육사업을 시작하였습니다. 그러나 완전히 국어교육사업을 시작하기는 1923년에 내지로서 교육비 1백여원을 보내 였음으로 이 돈을 가지고 국어교육을 시작하였습니다. 국어학교 이름을 민성국어학교라고 하고 7년동안은 학부형과 찬성원과 지방임원의 성력과 후원으로 계속 하다가 1932년에는 지방회의 직속교육기관으로 경비를 지방회가 전담하여

라고 언급하고 있다.

안순필의 쿠바 카르데나스지방회에서의 활동은 다음의 기록들을 통하여 확인해 볼 수 있다 이 기록들을 보면, 안순필은 1924년부터 1926년까지 그리고 1928년 대의원, 실업부원 등으로 활동한 것으로 보인다.

1. 『미주국민회자료집(도산안창호선생기념사업회, 2002』제13권 654면
   - 대의원 선거 대리에 관한 건(카르데나스지방회장 김세원: 1924. 11. 11) 본 지방회 대의원 안순필이오며 출석할 기한이 임박하옵기 선거 못 하오니 (중략) 카르데나스지방 대의원 安順弼씨의 대리는 張仁煥씨로 정함.

2. 신한민보(1924. 11. 20)
  • 각 지방회보 – 카르데나스지방회
  본월 2일 하오 2시에 본 지방회 제17회 통상회를 약 25인의
  회원이 출석하여 처리한 사항은 다음과 같다. (중략)
  2. 명년도 임원을 선정한 바 그 씨명은 여하함.
  – 대의원: 안순필 (이외 명단 생략) (하략)

3. 신한민보(1925. 1. 15)
  • 1925년 1월 6일 대한인국민회 총회 제16차 대의원회
    – 국민회 대의장: 한재명 (중략)
    – 카르데나스 대의원 안순필 대리: 장인환 (하략)

4. 신한민보(1925. 2. 26)
  • 각 지방회보 – 카르데나스지방회
  2월 1일 하오 2시에 통상회를 본회관에서 열거 의결한 사항이
  아래와 같으니 (중략)
  대의원 안순필씨 사면한 대에 강홍식씨로 (중략) 선정한 일(하략)

5. 『미주국민회자료집(도산안창호선생기념사업회, 2002』 제17권
  499면
  • 1925년도 대한인국민회 총회 사업성적서
  10. 카르데나스지방회
    – 실업부원: 安順弼 (이외 명단 생략)

6. 신한민보(1927. 12. 1)
  • 각 지방회보 – 카르데나스지방회
  (상략)

1928년도 임원 제씨

　– 총무: 안순필 (이외 명단 생략) (하략)

　아울러 안순필은 인근 마탄사스 지방회에서도 1926년에
활동하고 있음을 다음을 통하여 짐작해 볼 수 있다.

1. 신한민보(1926. 1. 7)
　• 국민회 지방회보 – 마탄사스지방회
　(상략)
　1926년도 신임원 제씨
　– 법무: 안순필 (이외 명단 생략) (하략)

2. 신한민보(1926. 1. 21)
　• 마탄사스지방회
　본 지방회에서 1926년도 제1차로 1월 3일 하오 2시에 본회
　제56차 통상회를 열고 경과 사항은 여좌함. (중략)
　2. 본회 법무원 안순필씨의 사면 청원서는 본회 법규에 의하여
　퇴각하고 계속 시무케 한 사 (하략)

3. 신한민보(1926. 5. 27)
　• 국민회 지방회보 – 마탄사스지방회
　금월 2일 하오 2시에 제61차 통상회를 열고 경과한 사항은 여좌
　(중략)
　4. 법무원 안순필씨의 이주 사면한 대에 태덕일씨가 피선된 사
　(하략)

1937년 <u>안순필</u>은 아바나지방회가 설립되자, 아바나지방회 집행위원 겸 대표, 1938년 동 지방회 대표 겸 국어학교 교장, 1940년 총무 겸 집행위원장 대리, 1941년 집행위원 겸 자치규정 위원, 1941~1943년 감찰위원 등으로 활동하며 1942년 6월 아바나에서 개최된 승전연합회에 한인 대표로 참석하는 등 안순필은 아바나에서 가장 활발한 활동을 전개한 것으로 보인다.

안순필의 활동 중 주목되는 것은 쿠바 아바나에 국민회 지방회를 설립하는데 기여한 점이 주목된다. 이 내용은 신한민보 1937년 2월 11일에 다음과 같이 보도되고 있다.

• 쿠바국 아바나에 국민회 지방회를 설립, 민족적 통일 합동의 대세에 향응, 재류 남녀 동포 20여 인 회집 (상략) 원래 쿠바에는 벌써부터 우리 동포가 비교적 다수가 모여 사는 마탄사스와 카르데나스에는 지방회가 있었지만은 아바나에는 수효가 적고 또한 한곳에 모여 살지 못하여 집회가 극히 어려움으로 아직까지 지방회를 설립치 못하였던 바 이번에 모든 고난을 불구하고 재류 동포의 일치한 찬성과 희망으로 성립되어 더욱이 반가운 것이다. 이제 그 경과를 대략 기록하건대 얼마 전 본사 아바나 통신원 서병학씨가 당지 유지 몇 분과 지방회 설립을 상의한 후 재류 동포들 제제이 심방하여 동의를 구함에 사람마다 이구동성으로 찬성함으로 이에 발기회를 소집하여 진행 절차를 협정하고 <u>금월 17일에 지방대회</u>

를 안순필씨 사택에 소집하니 출석한 남녀 동포가 22인으로 동 지방에 재류하는 동포의 대다수였다. 만장일치로 지방회 설립을 가결한 후 총회에 인준장을 청원하기로 하고 정식 임원을 아래와 같이 선거하였다. – 지방 집행위원: 안순필 (이외 명단 생략) (중략) – 지방 대표: 안순필 (하략)

라고 하여, 안순필의 집에서 지방회 설립을 가결하고 있음을 볼 수 있다. 안순필은 아바나 지방회 대표로 활동하고 있다. 신한민보의 다음의 가사들은 이를 증거해 주고 있다.

1. 신한민보(1938. 2. 17)
   • 각 지방회보
   (상략)
   아바나지방회 임원
   – 지방 대표: 안순필 (이외 명단 생략) (중략)
   아바나 국어학교 임원
   – 교장: 안순필 (이외 명단 생략) (하략)

2. 신한민보(1938. 12. 29)
   • 아바나지방회
   아바나지방회는 11월 4일 하오 3시에 특별회를 열고 처리한 사항이 아래와 같다. (중략)
   3. 지방대회 소집 일자는 12월 4일로 지정한 일
   4. 본 지방 국민대회 대표원 안순필씨와 서기 서병학씨가 추천

된 일 (하략)

3. 신한민보(1939. 12. 21)
  • 각 지방회 명년도 임원
  (상략)
  아바나지방회
  – 총무: 안순필 (이외 명단 생략) (하략)

4. 신한민보(1940. 3. 21)
  • 김 · 안 양 씨의 동포 심방, 회무 발전을 위하여
  아바나지방회 집행위원장 김명욱씨와 상무위원회 **총무 안순필**
  씨는 회무 발전과 노인 위문과 및 동포 심방을 위하여 부근 각
  지를 순행한다더라.

5. 신한민보(1940. 11. 14)
  • 아바나지방회
  아바나지방회는 10월 6일 통상회를 열고 처리한 사항이 아래
  와 같다.
  1. 본 지방회 집행위원장 김명욱씨는 사업상 관계로 그 직임을
  상무위원회 총무 안순필씨로 대리 시무케 한 일 (하략)

6. 신한민보(1940. 12. 12)
  • 각 지방회 광복군 축하식 거행, 아바나지방회의 성황
  아바나지방회는 광복군 축하식을 (중략) 11월 3일 **총무 안순필**
  씨 사회 하에 성황 의례식을 거행한 순서가 아래와 같다.
  1. 개회: 주석 총무 안순필 (중략)
  3. 기도: 안순필

4. 취지 진술: 집행위원장 김명욱 (중략)

13. 축사: 안순필 (하략)

7. **신한민보**(1940. 12. 26)
- 아바나지방회

아바나지방회의 1941년도 임원 선거는 아래와 같다.

- 집행위원: 안순필 (이외 명단 생략) (중략)

- 감찰위원: 안순필 (중략)

집행위원장과 상무위원과 및 기타 위원을 선거한 결과는 아래
와 같다. (중략)

- 자치규정위원: 안순필, 김문욱

8. **신한민보**(1941. 11. 20)
- 회보 – 아바나지방회

아바나지방회는 10월 19일 하오 3시에 (중략) 통상회를 열고
처리한 사항이 아래와 같다. (중략)

3. 본 지방회 차기 통상회는 11월 2일 하오 3시에 감찰위원
안순필씨 댁에서 모이기로 한 일

9. **신한민보**(1942. 1. 1)
- 아바나지방회

아바나지방회는 위험한 시기의 집회 곤란을 인하여 대회를 소
집하지 못하고 본년도 임원을 명년도 임원으로 재임케 하였고
그 씨명과 직임은 아래와 같다.

- 감찰위원: 안순필 (이외 명단 생략)

10. 신한민보(1942. 7. 16)

• 묵큐 – 아바나지방회의 승전연합회 참가의 성황

아바나지방회의 이번 빅토리아연합회 참가는 재류 한인 역사상에 처음 있는 일이오 그 경과 상황은 아래와 같다.

6월 15, 16, 17 연 사흘을 두고 쿠바 전국적 빅토리아연합대회를 아바나에 있는 청년회관에서 개최한 바 (중략) 우리 한인 대표는 안순필씨 (이외 명단 생략) 등 5인이 출석하였다. (중략) 한인 대표안은 아래 같다.

1. 중경에 있는 한국 임시정부를 쿠바 대통령에게 승인 요구하는 글에 각 사회 정견 인사가 성명할 일

2. 쿠바 재류 한인사회를 자유 한인사회로 인정하여 달라고 요구할 일

3. 한인은 당당한 한인으로 대우하며 인정하여 달라고 요구할 일

4. 한국 국기를 26개 동맹국 국기 가운데 참가케 하여 달라고 요구할 일(하략)

11. 신한민보(1943. 1. 28)

• 아바나지방회

아바나지방회는 12월 6일 하오 3시에 지방대회를 소집하여 명년도 임원을 금년도 임원으로 재임하였고 (중략) 재임한 임원은 아래와 같다.

– 감찰위원: 안순필 (이외 명단 생략)

12. 신한민보(1944. 12. 7)

• 아바나지방회

(상략)

– 아바나지방회 사업성적 보고서

1. 회원 명부록

<u>안순필</u> (이외 명단 생략)

안순필은 1918~1941년 여러 차례 독립운동자금을 지원하였다. 이 내용들은 신한민보에 상세히 보도되고 있다. 이를 보면 다음과 같다. 인구세는 해외동포들이 상해에 있는 대한민국 임시정부의 재정의 일부인 세금격이었고, 의무금은 대한인국민회 회원으로서 납부하는 일종의 세금이었다. 의무금은 대한인국민회에서 수합하여 교육실업 진발, 자유 평등 주창, 조국광복 원조 등을 목적으로 사용하였다. 이외에도 국민부담금, 독립의연금, 3·1기념의연금 등을 납부하였다

- 의무금: 1918. 8. 8 → 2원 50전, 11. 28 → 2원 50전, 1924. 7. 10 → 10원
- 인구세: 1925. 6. 4 → 1원
- 부담금: 1938. 8. 18 → 90전, 1939. 4. 20 → 1원 20전, 9. 14 → 1원 20전
- 광복군 후원금: 1940. 12. 12 → 50전, 1941. 2. 20 → 50전
- 독립금: 1941. 6. 26 → 50전 ※ 총 9회 20원 30전[*]

---

*   신한민보(1918. 8. 8, 11. 28, 1924. 7. 10, 1925. 6. 4, 1938. 8. 18, 1939. 4. 20./ 9. 14, 1940. 12. 12, 1941. 2. 20, 6. 26)

쿠바한인의 생활상을 심층적으로 이해할 수 있도록 당시 쿠바에 살던 임천택이 국내에서 간행되고 있떤 『별건곤』과 『삼천리』에 기고한 내용을 함께 나누고자 한다.

『큐바』의 사정을 들어서 =본국 동포에게= 재『큐바』임천택.

(『별건곤』제16·17호, 1928년 12월 1일, 해외에 잇는 조선인의 생활상)

지금으로부터 23년전 바로 한일신조약이 체결되던 을사년에 소위 정부의 모모 대관이 자기의 사복을 채우기 위하야 이민이라는 미명하에 천여의 무산동포를 노예와 가티 미국개발회사에 팔어서 미국령 하와이(米領 布哇)로 이주케 하는 동시에 또 북미멕시코식민회사(北米墨西哥 植民會社)에도 다수한 동포를 매도한 것은 필자가 지금에 새삼스럽게 말슴치 안어도 본국에 게신 여러 동포의 기억이 아즉가지 남어잇슬 줄로 암니다.

지금이나 그때이나 빈한에 쪽기우는 동포들은 멕시코(墨西哥)에 가서 4년 기한만 채우면 금은동화를 한짐식 질머지고 고국에 도라와서 안락한 생활을 한다는 풍문만 듯고 너나 할 것 업시 남녀노소를 합하야 1,300명이나 되는 적지 안은 우리 동포가 멕시코(墨西哥)로 오게 외엿던 것입니다. 그들 중에는 물론 본국에 부모를 둔 사람 형제자매를 둔 사람 처자를 둔 사람이 다수엿지만은 다만 금전에 팔리워서 쓰라린 눈물을 흘리며 정들고 땃듯

한 고국의 강산을 등지고 언어, 풍속이 전혀 다른 이역으로 향하게 되엿습니다.

을사년 2월 1일입니다. 이민단 일행은 인천항에서 배를 타고 부산에 도착하야 20려 일을 묵다가 28일에는 태평양으로 바로 항항할 예정이엿스나 빙표(卽旅行券)가 업는 까닭으로 여의히 출발치를 못하고 다시 인천으로 회항하야 빙표문제를 해결하고 3월 1일에야 겨우 목적지를 향하야 출발하게 되엿습니다. 인천과 부산 간의 거리는 불과 1천여 리이지만은 선박생활을 안이하던 사람이 약 1개월 동안이나 체류를 하엿스니 그 동안만 하여도 고생을 얼마나 되엿스며 각갑하기는 얼마나 하엿겟슴닛가.

인천에서 출발한 지 25일만에 15만리나 되는 먼 항로를 무사히 거처서 츠음으로 도착하기는 멕시코(墨西哥) 『사레나구루스』항이엿습니다. 거긔에서 이민국의 검사를 맛친 다음에 다시 『뿌로푸래쇼』항에 이르러 상륙하니 때는 4월 16일이엿습니다. 『유카단도』 서울인 『메리타』에 이르러서는 3,4일 혹은 5,6일식 묵다가 식민회사의 지시에 의하야 이 농장, 저 농장으로 몃 10명식 끌녀가서 노동을 하게 되엿습니다. 상륙할 때까지 한 가족과 가티 한 곳에 뫼히 엿던 1,030여 인의 동포는 풍비박산으로 각지에 산재하야 면목좃차 서로 만나보기 어렵게 되엿습니다. 약소국 유이민의 비애는 날로 심하얏습니다. 농장주의 무리한 학대도 학대이려니와 임금좃차 저 백인 노동자에 비하야 몃 갑절이나 저렴하니 저축은 고사하고 그날 그날의 생활도 매우 곤란하얏습니다. 그러나 보호하야주는 사람도 업고 고국으로 도라오자니 4년 기한에 팔리운 놈이 되니 그 역(亦) 자유로 못할 것은 물론이고 여비인들 변출(辦出)할 도리가 어듸 잇겟슴닛가. 다만 구름밧그로 고국의 하늘을 바라보고 애닯은 눈물과 한숨으로 세월만 보낼 뿐이엇습니다.

그럭저럭 4년이라는 기한을 지내고 보니 츠음의 희망과는 아주 딴판으로 수중에 저축한 돈이라고는 한푼들도 업섯습니다. 이것저것 다 그만두고 고국으로 도라가서 그리웁던 부모처자나 만나보랴고 하나 여비가 국난(極難)하야 엇지하지 못하고 다시 그곳에 떠러저서 쓰라린 생활을 하얏습니다. 이럿케 16성상을 지내다 하도 생활이 곤란하닛가 좀 나흔 곳으로 차저간다는 것이 지금까지 잇는 『큐바』국이올시다. 지금으로 7년전 신유(辛酉) 3월에 제2고향인 멕시코(墨西哥)를 떠나 동월(同月) 25일에 이민국 검사를 맞치고 『큐바』에 상륙하게 되엿습니다.

이 『큐바』를 전토의 리수(里數)는 사방 2만킬로미터이며 인구는 3백만명에 달하는데 지금으로부터 29년전 서기 1899년에 서번아(西班牙)의 기반(羈絆)을 버서나 새로 독립한 국가입니다. 산물은 사탕이 가장 저명한데 구주대전(歐洲大戰) 당시에는 사탕이 매근(每斤)에 20여 전까지 고가가 되야 전국이 황금사태를 만난듯시 일조(一朝)에 거부가 된 자가 만엇다 합니다. 그런데 진(眞) 소위 강철이 간 곳에는 가을도 봄 한철이라고 그럿케 돈이 풍성풍성하던 곳이 우리 동포가 건거나던 해부터는 사탕가가 아주 저락(低落)되야 매근(每斤) 3,4전에 불과하게 된 고로 일반의 생활이 극히 곤란하게 되엿습니다. 더구나 사탕농사에 경험이 업는 우리 동포로서야 그 생활이 여북 곤란하겟슴닛가. 갈수록 고생과 한탄만 느러갈 뿐 이엿습니다.

우리를 이민하야온 농주는 『마나리』라는 사탕농장의 주인이엿스며 이주한 우리 동포의 수는 남녀노소를 합하야 약 2백명 가량임니다. 이와 가티 적지 안은 우리 동포가 엇지 안연이 안저서 주기만 고대하겟슴닛가. 이리저리로 생로를 차저 간다는 것이 츠음으로 『큐바만단사쓰』에 잇는 『어저귀』농장으로 오게 되엿습니다. 현재에 우리가 산재하기는 이 『만단사쓰』이외에 『칼데나』라 하는 곳과 『큐바』의 황성(皇城)인 『아바나』와 『나무구에이』 등 여러 곳임니다. 그러나 우리 동포가 제일 만히 잇는 곳은 『만단사쓰도(島)』와 『칼데나』군(郡)의 『어저귀』농장이고 그외는 10명 이외에 지내지 못합니다.

이와 가티 우리 동포가 이주한지 8년 동안에 사망자는 약 20여 명이요. 출생자는 약 5,60명 가량임니다. 그리고 단체로는 『한인회』라는 회가 잇스며 『만단사쓰』에는 5년 전에 민성국어하교(民聲國語學校)라는 학교를 설립하야 허다한 풍상을 격거가며 지금까지 유지하야옵니다. 또 본국의 사정을 알기 위하야 신문으로는 동아일보, 조선주보(朝鮮週報), 잡지로는 별건곤(別乾坤) 신인간(新人間) 등을 읽으며 소년 소녀에게는 어린이를 주문하야 읽힘니다. 그러나 우에 말슴한 바와 가티 그 나라의 경제가 매우 곤란한 까닭에 우리도 그 영향을 바더서 지금은 개인의 생활도 곤란하고 전체의 사업도 더 진흥식키기가 어렵슴니다.

일반이 모도 노동자인 까닭에 노동할 곳만 잇다번 그만한 생활은 유지하겟지만은 지금 형편에 노동을 하랴고 하야도 할 곳이 업서서 소위 제한적 노동을 하는 까닭에 매일 불과 4,5시간의 노동을 하고 따러서 일주일 수입이 2원 내지 4원밧게 안이 됩니다. 그것으로 식교비로 부족하

거던 그 중에 단체유지금, 학교유지금을 내니 엇지 곤란치 안켓습닛가.(이하 략)

남미에서, 삼천리 주간 족하(足下)(『삼천리』 제3권 제11호, 1931년 11월 1일, 해외통신)

뉴욕(紐育)과 워싱톤(華盛頓)으로부터 아츰 저녁 들니는 전문에 의하면 아시아(亞細亞)의 하늘에는 풍운이 가르빗겻다 하옵는데 조선 안의 동포들은 늘 건강하게 게시오며 더욱 모든 신문사와 여러 기관도 힘잇게 운전(運轉)되나이까. 귀지(貴誌)를 통하야 멀니서 안부를 전하나이다.

압서번에 부친 편지 이후 이곳 남미 큐-바에 잇는 동포의 모양을 잠간 소개하겟습니다. 남미에도 전일(前日)에 보든 경제계의 호황은 흘너 버리고 간곳 온곳마다 노동자의 생활상태는 괴로워짐니다. 아시다십히 아메리카(亞米利加)와도 달너 이곳에 온 우리 조선동포는 대부분이 백인의 과수원이나 커피(珈琲)농장에 가서 품파리 하는 처지이온데 노동임금이 싸지는 관계와 그나마 일자리가 점점 줄어지는 관계로 동포의 생활은 전일만 갓지 못함니다.

그러나 만리 밧그로 생을 구하려 나온 혈기강장한 장년들이매 생활난에 울게 까지는 되지 안을 줄 암니다. 우리들은 이곳에서 단결에 힘쓰고 잇습니다. 우리끼리만은 굿게 굿게 손을 맛잡고 우리의 길을 개척하여 나가려 합니다.

북미(北米)로부터 각금 우리 글로 적힌 신문이 오고 본국에서 신문 잡지와 서적 등이 오는 것이 얼마나 깃분지 모르겟나이다. 우리들은 늘 동방(東方) 아시아(亞細亞) 속 반도(半島)의 하늘을 바라서 그리운 정을 끈치지 못하고 잇나이다.

내지(內地) 동포여 수십만리 밧 남미 큐-바에 여러분과 가튼 피를 나눈 동포 수천이 잇서서 아츰 저녁 여러분의 소식을 어더 드르려 애쓰며 여러분의 건강을 빌고 잇는 줄을 아러주시압소서.

귀지(貴誌) 「삼천리」는 이곳 동포들이 실로 정다웁게 보고 잇습니다. 內地 동포의 모양과 우리 반도의 정세를 귀지(貴誌)를 통하여 보고 늘 감격에 참니다.

더욱 더욱 발전하여 주소서. 뒷날 기회 잇는대로 남미의 정형을 보도하겟나이다. 마즈막으로 반도동포의 건강을 비옵나이다.

Ernesto Lim

Apartado 2867 bardenas Quba

在南米玖瑪

林千澤 上

▣ 대한여자애국단 아바나지부 단장, 안순필의 부인 김원경

1919년 대한인국민회 중앙총부에서 조사한 인구표에 따르면, 안순필의 부인은 김원경(김원정, 마리아 김)이다. 1919년 당시 남편 안순필이 52세인데 비하여, 부인 김원경은 37세로 나이 차이가 난다. 아들 안재명이 1919년 당시 10세인 것으로 보아 멕시코에 온 이후에 결혼한 것인지, 국내 수원군 팔탄면 시절에 결혼한 것인지 정확히 판단이 서지 않는다. 그러나 1905년 멕시코로 올 당시에 23세이므로 국내서 결혼하였을 가능성이 큰 것 같다. 아들 안재명, 안군명, 안수명 외에 딸 3명이 있다. 안정(경)희. 옥희, 홍희* 등이 그들이다.

김원경에 대한 기록이 처음 등장하는 것은 신한민보 1937년 2월 11일자 〈쿠바국 아바나에 국민회 지방회 설립〉이다. 여기서 김원경은 상무위원으로서 교육을 담당하고 있다. 남편인 안순필은 지방 대표 겸 집행위원이다. 아울러 딸인 안옥희는 사교 상무위원을 담당하고 있다. 김원경과 함께 아바나 국민회 지방회에서 함께 활동한 인물로는 이인상, 서병학, 이종헌, 박순학, 문무봉, 이옥진, 김성재, 김영욱 등을 들 수 있다. 신한민보 1937년 3월 4일자 〈아바나에 국어학교 설

---

* 임천택, 『쿠바한인이민역사』, 1954에 따르면, 고 안순필의 셋째 딸 홍희는 뉴욕 김씨에게 시집간 것으로 기록되어 있다.

립 경영>에 따르면,

> 쿠바 아바나 재류동포는 제2세를 위하여 국어학교설립을 경영하
> 는 중인데, 해지방회 학무 김원경 여사는 일변으로 학부형을, 심
> 방하며, 일변으로는 교수를 받을 만한 남녀 아동을 조사한다더라

라고 하여, 김원경이 학생들의 국어학교 설립에 노력하고 있
음을 짐작해 볼 수 있다. 이와 같은 김원경의 활동은 남편인
안순필의 학생들을 위한 국어교육 노력에 대한 아내로서의
적극적인 외조가 아닌가 한다. 김원경의 활동으로서 특별히
주목되는 것은 대한여자애국단 아바나지회 단장으로서의 활
동이다. 대한여자애국단에 대하여 임천택은 『큐바이민사』에
서 다음과 같이 언급하고 있다.

대한여자애국단 지부조직

1938년 6월 24일 재미 대한여자애국단 총부임원일동의 애국단
지부 조직에 대한 간곡한 편지에 의하여 재쿠한인여자들이 모여
편지를 낭독한 후 당년 7월 10일에 대한여자애국단 마탄사스지부
를 정식 조직하고, 단원들의 요구로 임천택씨를 지부 고문으로 추
천하여 임씨의 지도하에서 지부사업을 계속 하는 중, 단원이 20명
에 달하였고,

라고 있음을 통하여 이 단체가 재미 대한여자애국단의 지부임을 짐작해 볼 수 있다.

김원경의 대한여자애국단 단장으로의 활동은 역시 신한민보의 다음의 보도를 통하여 짐작해 볼 수 있을 것 같다. 신한민보 1938년 12월 29일자 〈여자애국단 아바나지부 네가지 결의사항〉이 그것이다.

대한여자애국단 총부에 달한 아바나지부의 보고를 의지하건데, 동지부의 명년도 회무진행에 관한 결의사항이 아래와 같더라.
1. 명년도 임원은 전부 구임원이 재임할 것. 단장 김원경, 서기 이옥등, 재무 이빅토리아, 협찬위원 서병학 이인상(하략)

위의 기록을 통하여 볼 때, 1937년에도 김원경이 아바나지부 단장이었음을 짐작해 볼 수 있다.

신한민보 1939년 8월 24일자 〈아바나 여자애국단 재정보고〉에는 다음과 같은 기록이 있다. 김원경, 이옥등, 이옥진, 이빅토리아, 안경희, 안홍희, 안옥희 등이 각 2원 10전을 예연금으로 내고 있다. 여기서 주목되는 것은 아바나 여자 애국단에 예연금을 낸 사람들은 김원경의 세 딸인 안정희, 안홍희, 안옥희 등이 포함되어 있다는 점이다. 즉, 아바나 여자 애국단의 경우 김원경의 딸들이 중심적인 역할을 한 것으로 보인다.

한편 김원경은 대한여자애국단 아바나지부 단장으로서 3·1운동 행사 등 독립운동 행사에도 참여하고 있다. 1937년 3월 25일자 신한민보 〈독립선언 제十八주년 기념의 성황〉에 가족과 함께 참여하고 있다. 안순필, 안옥희, 안정희, 안홍희 등이 그들이다. 아울러 1939년 3월 30일자 〈각 지방회의 三一절 경축 - 아바나 지방회〉에서도 그러했을 것으로 추정된다. 이종헌(대한인국민회 아바나지방회 집행위원장), 이인상(총무), 안순필, 안군명, 안재명, 김명욱, 문무봉, 김원경, 이옥동, 이옥진, 서병학, 방한조, 안영업 등이 참여하고 있다.

김원경은 광복군 후원금도 기부하고 있다. 신한민보 1940년 12월 12일자에, 안순필이 50전, 김원경 40전, 안옥희 45전, 안홍희 40전, 안정희 25전 등이다. 즉 가족 모두가 기부하고 있는 것이다. 아울러 신한민보 1941년 2월 20일에도 〈광복군 후원금〉으로 남편 안순필의 딸, 안정희, 안옥희,안홍희 등과 함께 가족 전체가 비용을 기부하고 있다. 안순필 50전, 김원경 40전, 안정희 25전, 안옥희 45전, 안홍희 40전등이다. 신한민보 1941년 4월 3일자 〈광복근후원금〉으로 김원경 20전, 안정희 20전, 안옥희 20전, 안홍희 20전 등이다.

■ 대한여자애국단 아바나지부 서기 안순필의 둘째 딸 안옥희

안옥희는 안순필의 둘째 딸이다. 재멕시코인구등록표 1919년에 4세로 기록되어 있다. 안옥희는 1937년 이후 쿠바에서 대한인국민회 아바나지부 사교위원, 1940년과 1944년 대한여자애국단 아바나지부 서기로 활동하고, 1939년부터 1943년까지 독립운동자금을 지원한 것으로 알려져 있다.『미주국민회자료집(도산안창호선생기념사업회, 2005』 제5권 509면의 〈同胞人口登錄(墨國, 1919)에는 안옥희의 어머니 김원경에 대하여 다음과 같이 기록하고 있다.

좌측부터 안경희·안옥희·안홍희

제686호 성명 안씨 원경, 연령 37, 등록지명 메리다[美利多], 같이 있는 가족, 남편 順弼(52) 아들 在明(10) 딸 정희(7), 옥희(4), 홍희(1)

라고 하고 있다. 아울러 안옥희에 대하여도 다음과 같은 기록이 있다. 즉,『미주국민회자료집(도산안창호선생기념사업회, 2005』) 제5권 597면, 〈동포인구등록(墨國, 1919)〉에,

제689호 안옥희

성명 안옥희

연령 4

등록지명 메리다[美利多]

같이 있는 가족, 부 順弼(52), 모 원경(37), 형 在明(10), 자매 정희
(7), 홍희(1)

라고 하여, 안옥희의 아버지가 안순필이며, 어머니가 원경임
을 보여주고 있다. 김원경은 신한민보(1939. 8. 3.)]에,

> 김부인은 마탄싸스를 심방 영애 옥희양을 데리고. 대한여자애국
> 단 아바나지부 단장 김원경씨는 그 영애 안옥희양을 데리고 마탄
> 싸스에 가서 (하략)

라고 있듯이, 대한여자애국단 아바나지부 단장으로 독립운동
을 전개하던 인물이다. 그러므로 아바나지역에서 자치활동과
독립운동을 주도적으로 활동하던 부모의 밑에서 성장한 안옥
희는 자연스럽게 독립운동에 참여한 것으로 보인다. 다음을
기록을 통하여 보면, 안옥희는 어머니 김원경이 단장이었던
대한여자애국단 아바나지부의 서기로 활동하고 있다.*

---

*   신한민보(1940. 9. 5.)
    • 아바나여자애국단
    대한여자애국단 아바나지부는 동단 창립 제21주년 기념식을 협찬원 신병학
    씨 규례로 거행한 순서가 아래와 같다.
    애국가 안옥희(이외 명단 생략) (중략)
    축사 낭독 서기 안옥희 (중략)

이선실 여사의 입원 **안옥희**여사의 주선으로(신한일보 1940. 10. 17.)

마탄싸스에 재류하는 이우식씨의 영애 선실 여사는 여러 해 동안 적체증으로 신고하였고 이를 치료하기 위하여 갈데나스공립병원에 들어가 의약을 시험하여도 아무 차효를 얻지 못하였다. 선실 여사의 내형 연실 여사가 그 동생의 병을 고쳐주기 위하여 하바에 와서 여자애국단 서기 안옥희 여사에게 간청하여 (하략)

한편 안옥희는 특히 음악에 조예가 깊었던 것으로 보이며, 여러 행사에서 이와 관련된 활동을 한 것으로 보인다. 1937년 독립선언 18주년 기념식, 국치기념식, 순국선열기념일 등 각종행사에서 창가를 하였다. 신한민보에는 다음과 같은 보도들이 이를 증거해 주고 있다.

1. 3·1절
  1. 신한민보(1937. 3. 25.)
  • 독립선언 제18주년 기념의 성황 아바나

수의연설 안옥희(이외 명단 생략) (하략)

신한일보(1944. 1. 6.)
• 여자애국단 지부 소식 아바나지부
서기 안옥희(이외 명단 생략)

신한일보(1944. 3. 2.)
• 대한여자애국단 회보
대한여자애국단 아바나지부는 1월 통상회에서 금년도 신 임원을 좌와 같이 선거하였고 (중략)
쿠바 아바나지부 금년도 임원
서기 안옥희(이외 명단 생략)

쿠바 아바나 재주 동포들은 지난 2월 28일 오후 2시 집행위원장 이인상씨 사택에서 다수 동포의 출석으로 31절 기념식을 성대히 거행하였다. (중략)

사교위원 안옥희양의 인도로 자리를 정돈하고 아래와 같이 순서를 진행하였다.

12. 창가 안옥희(이외 명단 생략)

2. 신한민보(1940. 3. 21.)

• 각 지방회 3·1절 경축 아바나지방회

아바나지방회는 3월 1일 이인상씨의 사택에서 정중한 기념식을 거행한 순서가 아래와 같다.

1. 기념가 안옥희(이외 명단 생략) (중략)

1. 창가 삼천리강산 안옥희(이외 명단 생략)

3. 新韓日報(1941. 3. 27.)

• 광복군 전시중에 축하하는 3·1절

아바나지방회는 3월 1일 동 지방회관에서 재류 동포 전체가 회집하여 집행위원장 이종헌씨의 사회로 장중한 기념식을 거행한 순서가 아래와 같다.

6. 창가 대한혼 안옥희(이외 명단 생략)

2. 국치기념일

1. 신한민보(1937. 9. 16.)

• 각 지방의 국치기념식 아바나 지방

쿠바 아바나지방에 재류하는 동포들은 지난 국치일 위원장 이인상씨의 사회하에 기념식을 거행한 바 그 순서는 아래와 같다.

12. 창가 안옥희(이외 명단 생략)

2. 신한민보(1937. 10. 28.)
• 각 지방 국치기념 묵큐

3. 순국선열기념일
新韓日報(1944. 12. 14.)
• 아바나지방회 순국선열 기념식
아바나지방회는 11월 17일 하오 2시 반에 집행위원장 이종헌씨
택에서 순국선열기념식을 서병학씨의 주례로 거행하였고 그 정중
한 순서가 아래와 같다.
7. 합창 대한혼 안옥희(이외 명단 생략)

4. 광복군축하식
新韓日報(1940. 11. 14.)
• 각 지방회 광복군 축하식 거행, 아바나지방회의 성황
아바나지방회는 광복군 축하식을 예정한 일자에는 비로 인하여 모
이지 못하였고 물러서 10월 3일 총무 안순필씨의 사회하에 성황
의 예식을 거행한 순서가 아래와 같다.
5. 시문축사 낭독 안옥희(중략)
6. 양국 국기 정면 대립 대표식 안옥희(이외 명단 생략) (중략)
12. 창가 삼천리 안옥희(중략)
15. 창가 한반도 안옥희(이외 명단 생략)

5. 대일선전 1주년 기념 축하식

新韓日報(1943. 1. 28.)

• 각 지방회 대일선전 1주년 기념 축하식 아바나지방회

아바나지방회는 12월 11일 하오 3시 30분 전례 회원이 회집하여 집행위원장 이종헌씨 사회하에 정중한 대일선전 1주년 기념식을 거행한 순서가 아래와 같다.

9. <u>수의 연설 안옥희</u>(이외 명단 생략)

6. 쿠바국 선전기념

新韓日報(1943. 2. 11.)

• 쿠바국 선전기념 행렬에 한인 참가, 광영 찬란한 태극기가 27개 국기중에 날려

12월 9일은 쿠바국의 대축심 선전 1주년 기념일이오 이날 쿠바는 전국적으로 기념식을 거행하였고, 아바나 수부에서는 당일 상오 9시 30분에 공전절후의 대행진을 거행하였고 한인 부대도 또한 참가하여 27개 국기 가운데 영광을 날렸으니 이는 7월 4일 미국 독립 경축에 참가한 이후 제2차의 성공이다.

정각에 행렬을 전개하여 (중략) 행렬지도위원 문무봉씨와 <u>안옥희</u> 양 여사는 '선전 승리'의 선전문을 날리는 동시 태극기와 쿠바 국기를 흔들어 펼치는 색채가 찬란하고 (하략)

7. 아바나지방회 청년부 설립

신한민보(1937. 7. 1.)

• 아바나청년부 설립

아바나지방회에서는 청년부를 설립하고 임원을 선거한 후 아래와

같은 순서로 취임식을 거행하였다.

   4. 한반도가 안옥희 <small>(이외 명단 생략)</small>

8. 2.1기념식

신한민보(1940. 3. 14.)

   • 각 지방회 2.1기념식 아바나지방회

아바나지방회는 2월 1일 정중한 전례를 갖추어 창립기념식을 거

행하였고 <small>(중략)</small> 기념식의 순서는 아래와 같으니

   1. 국민회기념가 안옥희<small>(이외 명단 생략) (중략)</small>

   1. 애국가 끝절 안옥희<small>(이외 명단 생략)</small>

   한편 안옥희는 대한여자애국단 소속으로 예연금을 납부하

였으며, 광복회 후원금, 독립금도 기부하였다. 신한민보에 따

르면, 자신이 소속된 대한여자애국단 예연금으로 1939년 8

월 24일에 2.1원, 1941년 2월 20일자에 3원을 출연하고 있다.

광복군후원금은 1940년 12월 12일자에 0.4원, 1941년 2월

20일자 0.45원, 1941년 2월 27일자에 0.3원 등이다. 아울러

독립금은 1943년 7월 22일자에 1원을 희사하고 있다.

   한편 안옥희의 경우 시아버지인 김창일, 남편 김성재 역시

독립운동가였다. 김치일<small>(1878-1926)</small>은 대구출신이다. 1909년

부터 1912년까지 멕시코에서 메리다주에서 공립협회 회원,

1919년 5월부터 1920년 3월까지 대한인국민회 메리다지방

회 구제원으로 활동하였다. 1922년부터 1925년 11월까지는 한인들이 많이 거주하는 쿠바 마탄사스지방회 회장, 1926년 11월 칼데나지방회 회장 등으로 활동하였다. 신한민보(1923. 2. 22.) 〈○ 김치일씨의 회무 열성〉에서 그의 활동의 일단을 살펴볼 수 있다.

쿠바 통신을 거한즉 그곳 국민회지방회장 김치일씨는 그 부근에 사는 동포들을 일일이 심방하였다는데, 그 성적의 대략을 초집하자면 이하와 같으니, 1. 부근 지방 동포의 감정적 시기와 분쟁을 융화식, 통일적 권도로 나아가게 함. 2. 칼데나 지방에 경찰소를 변경하여 총회대의회 결의한대로 해지방회에 예비지방회를 실시한 일 3. 본회는 총회에 대하여 각항 의무를 각근히 시행하기로 동맹한 일 4. 해 지방에 우리 아동교육을 위하여 국어학교가 설립된바 아이들의 상학시에 편리를 위하여 제1, 제2교로 나누어 교수하게 한 일 5. 비록 노동이 영성하고 재정이 공황하나 공익상의 대한 의무를 아니할 수 없고, 내지와 원동 등지의 동포에 대한 구제금 등 속에 한 사람이라도 빠지면 아니되겠다는 열성으로 현금 구제금을 모집하는 중이라 하였더라.

또한 신한민보(1923. 4. 26.) 〈○ 김치일씨의 공익 열성〉에서도,

쿠바 마탄사스지방 회장 김치일씨는 식물잡화상으로 영업을 하여 지내는 중인데 씨는 지방회 일을 위하여 자기의 사업의 손해될 것

도 개의치 아니하고 그곳 근방에 재류하는 동포를 위하여 많이 노력하여 성심을 다하고 또는 현금 그 지방에 재류하는 동포가 30여 명에 지나지 못하나 각기 결심하고 우리 한 사람이 없어질 때까지 우리의 지방회는 유지하겠다 하며 장차 그곳 지방과 많이 연락하기를 힘쓰는 중에 있더라.

라고 하여 김치일을 높이 평가하고 있다. 김치일의 사망에 대하여는 신한민보의 다음의 기사를 통하여 짐작해 볼 수 있다. 신한민보(1926. 12. 16.)에 다음과 같은 기록이 있다.

칼데나회장 김씨 별세

본 지방에 재류 회원 김치일씨의 원적은 경상북도 대구부에 두고 근근히 생활을 부지하다가 우연히 몸에 신병이 있은 지 두 주일 반을 사택에서 치료할 때 씨에게 애정심이 많은 부인이 의사를 사택에 고빙하여 6, 7차를 진찰하여도 마침내 신명을 보전하지 못하고 세상을 이별하였더라.

안옥희의 남편은 김성재이다. 신한민보 1943년 5월 13일자에,

김, 안 양씨의 혼례 후감

아바나 재류 고 김치일 씨의 장자 승재 군과 안순필 씨의 차녀 옥희 여사는 재작년 12월 6일 밤에 혼례식을 거행하였고 (하략)

라고 있음을 통하여 짐작해 볼 수 있다.

　대한인국민회 쿠바 아바나지방의 안순필이 김병연에게 보낸 서한(1944. 8. 15.)에서도 사위임을 알 수 있다. 이 편지는 1944년 8월 15일 쿠바 아바나지방에 거주하는 안순필이 김병연에게 보낸 서한이다. 안순필은 8월 13일자로 보낸 김병연의 회함을 받고 분부대로 스페인어로 안홍희의 이름과 사진 2장을 부송했으며, 딸 안옥희와 사위 김성재가 본인과 함께 동행해 미국으로 가기로 했으니 쿠바 주재 미국공사로부터 증서(여권)가 나오면 곧 떠날 예정인데 떠날 때 다시 전보하겠음을 알렸다.

> 김병연 선생님 (중략)
> 또한 말씀드리기 매우 미안하오나 본인의 출가한 여식 옥희가 정비를 주선해 놓고 두 내외 귀처를 가기로 하오니 본인의 사위는 김성재올시다. 그리되면 3인이 동행이 되겠습니다. 김성재는 금년생의 아기가 있습니다. (중략) － 김성재(Alfonso Kim y Lee) 쿠바 태생, 1915년 11월 1일생, 기혼, 직업: 운전기사 － 안옥희(Juana Han y Kim) 쿠바 태생, 1916년 6월 24일생, 기혼 －
> "남자아기"(Alvaro Kim Han) 쿠바 태생, 1944년 3월 21일생

　안옥희의 남편인 김성재의 가족관계는 다음을 통하여 살펴볼 수 있다. 『미주국민회자료집(도산안창호선생기념사업

회, 2005』 제5권 99면을 보면 다음과 같다.

재묵동포 인구등록(대한인국민회 중앙총회 인구조사부) 제530호

- 성명: 김치일(42세)

- 직업: 상업

- 등록지명: 메리다

- 현주: 멕시코 유카탄 메리다 아파타도 229 –

같이 있는 가족: 아내 이 에스메란사, 아들 聖福(7), 德福(4), 壽福
(4), 딸 엘레나(2)

- 본국에 있는 가족: 姪 金漢村(35), 농업

- 원적: 경상도 대구

- 등록일자: 1919. 7. 21.

여기에 나오는 7세 성복이 김성재이다.김성재(1913-미상)
는 1932년 쿠바에서 대한인국민회 마탄사스지방회 청년학
원 서무원, 1933~1934년 마탄사스지방회 서기, 1934년 동
회 평의원, 1935년 민성국어학교 서기 겸 재무 및 야학교 교
사 등으로 활동하고, 1937년 대한인국민회 아바나지방회 선
전원 및 청년부장, 1941~1944년 동회 구제위원, 1943년 재
큐한족단 서문 정서기, 1944~1945년 아바나지방회 서기,
1945년 동회 선전위원 등으로 활동하며 1942년 쿠바 아바나
에서 개최된 승전연합회에 한인 대표로 참석하였다. 아울러

1934년부터 1941년까지 여러 차례 독립운동자금을 지원하였다.

김성재의 활동과 관련하여 신한민보(1937. 2. 11.) 〈ㅇ 쿠바국 아바나에 국민회지방회를 설립, 민족적통일합동의 대세에 향응〉이 주목된다.

재류 남녀동포 20여 인 회집

민족적통일전선은 오늘 우리 한족의 해내 해외를 통하여 양심의 발로로 외치는 대세어니와 그 일부인 재미한인사회의 국민회 토의 집중은 태평양을 건넌 우리 동포의 여론이오 각오이다. 그리하여 작년 5월에 가주 유지들이 한편 제창함에 가주를 비롯하여 미주 각처에 산재한 동포들이 일제히 향응하여 열 명 스무 명 동포가 교류하는 지방에도 지방회를 설립한 곳이 적지 않거니와 이제 대서양상 섬나라 쿠바국 경성 아바나에 재류하는 동포들도 (중략) 만난을 무릅쓰고 한인으로는 반드시 어떤 민족적 통일기관의 한 분자가 되어 실지로 활동하여야 한다는 데 의하여 본연이 일어서 지방회를 조직하였다.

원래 쿠바에는 벌써부터 우리 동포가 비교적 다수가 모여 사는 마탄사스와 칼데나스에는 지방회가 있었지만 아바나에는 수효가 적고 또한 한곳에 모여 살지 못하여 집회가 극히 어려움으로 아직까지 지방회를 설립치 못하였던 바 이번엔 모든 고난을 불구하고 재류동포의 일치한 찬성과 희망으로 성립되어 더욱이 반가운 것이다. 이제 그 경과를 대략 기록하건대 얼마 전 본사 아바나통신원

서병학씨가 당지 유지 몇 분과 지방회 설립을 상의한 후 재류동포
들 제제이 심방하여 동의를 구함에 사람마다 이구동성으로 찬성함
으로 이에 발기회를 소집하여 진행절차를 협정하고 금월 17일에
지방지회를 안순필 씨 사택에 소집하니 출석한 남녀동포가 22인
으로 동 지방에 재류하는 동포의 대다수였다. 만장일치로 지방회
설립을 가결한 후 총회에 인준장을 청원하기로 하고 정식 임원을
아래와 같이 선거하였다. ◇지방상무위원 선전: 김성재 (이외 명단
생략)

위의 기사에 따르면, 안순필의 집에서 열린 이 회의에 김성
재가 선전을 담당하고 있다. 한편 김성재는 신한민보(1937. 7.
1.)에 따르면, 아바나 청년부 청년부장으로 활동하였다. *

---

* 아바나 청년부 설립, 아바나지방회에서는 청년부를 설치하고 임원을 선거한
후 아래와 같은 순서로 취임식을 거행하였다. (중략), 2. 취지설명: 김성재
(중략), 이번 선임된 임원의 씨명은 아래와 같다. 청년부장: 김성재 (이외 명
단 생략)

■ 안재명, 안군명, 안수명(안순필의 세아들)

안재명

안재명은 안순필의 첫째 아들이다. 1919년 인구조사표에 따르면, 10세로 기록되어 있다. 전남대학교 김재기교수에 따르면, 그는 다시 멕시코로 이주하여 그의 후손들은 현재 멕시코 카리브해 퀸타로주(Quintana Roo) 체투말(Chetumal)에 살고 있으며, 묘지도 방문하였다고 한다.

안재명 역시 쿠바에서 아버지와 어머니를 도와 아바나지방회에서 활동한 것으로 보인다. 그의 기록은 1940년대 초 즉, 안재명의 나의 30대 초부터 보인다. 쿠바 아바나지방회의 대한인국민회 회원 증명권 명부(1940년대 초)*에,

> 아바나지방회의 회원들은 이종헌, 방한조, 문무봉, 김성재, 안옥희, 서병학, 안수명, 안덕실, 박영록, 안재명, 안순필, 김원경, 김완서, 김승만, 박순학, 김문옥, 박두현, 안군명, 박동지 등 19명이다. 명부에는 한글 이름 외에 현지 이름인 스페인 이름도 병기 되었는데, 등록호수는 대부분 등록 번호가 있지만 공란으로 둔 경우, '무' 자만 기입한 경우, 출생지 쿠바만을 기입한 경우 등 일정치 않다.

---

* 자료번호2-K04629-000(독립기념관)

라고 하여, 쿠바 아바나 지방회 회원으로 언급되고 있다. 또한 대한인국민회 쿠바 아바나지방회의 회원 명부록(1940년대 초)에서도* 다음과 같이 언급되고 있다.

> 아바나지방회의 회원은 이종헌, 이인상, 이흥석, 김성재, 김완서, 김문옥, 김승만, 김윤여, 안순필, 안군명, 안재명, 안수명, 안덕실, 박두현, 박영창, 박영목, 박순학, 방한조, 문무봉, 서병학, 강흥식 등 21명이다.

한편, 대한인국민회 쿠바 아바나지방회 집행위원장 이종헌이 중앙상무부 총무 최진하에게 보낸 임원 선출 및 의결사항 보고(1939.12.7.)**에,

> 1940년도 새 임원은 집행위원장 김병욱, 서기 서병학, 상무위원: 총무 안순필, 교육부원 문부봉, 구제부원 안재명, 선전부원 서병학, 대표원 이인상, 감찰원 방한조이다. 의결처리한 사항은 내지 한재구제에 협조할 것, 국민회 의무금을 납부하기로 할 것, 임시정부후원금인 인구세와 부담금을 수봉해 납부하기로 할 것, 본 지방회 경상비로 매월 10전씩 수입하기로 할 것, 재류동포의 환난상구를 위해 본 지방회의 힘이 미치지 못할 경우 그 사유를 총회에 보고하기로 할 것, 재류 회원의 자녀에게 국어교육을 위해 야학을

*　자료번호2-K04473-000
**　자료번호2-K04384-000

시행하기로 할 것, 본 지방회 통상회를 매월 첫 주일에 시행할 것 등이다.

구제부원으로 활동하고 있다.

아울러 1942년 문서, 대한인국민회 쿠바 아바나지방회 1942년도 재정조사표 및 재류한인명부(1942.12.)에는 *

아바나지방회는 1942년 1월부터 12월까지 재정을 조사해 보고했는데 수입 내역은 연례금 39원 80전, 외교비 18원, 특연금 7원 65전, 증명패 및 증명권 9원 60전 등 총 75원 35전이고 지출 총계는 102원 29전이다. 아바나지방에 거류하는 한인들은 이종헌, 이인상, 이흥식, 김병욱, 김성재, 김문옥, 김승만, 김완서, 안순필, 안군명, 안재명, 박두현, 박영록, 박순학, 방한족, 문부봉, 서병학 등 17명이다.

아바나 지방에 계속 거주하는 것으로 되어 있다.

* 자료번호2-K04416-000

안군명

안군명의 아들 에스테반 안(2003년)

에스테반 안의 아들, 알레한드르 안(2024, 동그라미 표시)

안군명은 안순필의 둘째 아들이다. 1937년 이후 아바나 지방회에서 활동하는 한편, 1943년 재큐한족단 평의원으로 활동하고 있다. 전남대학교 정치외교학과 김재기교수에 따르

대한인국민회 아바나 지방회관(헤수스 마리아)

면, 안군명의 아들 에스테반 안(Esteban Ahn)이 마탄사스에서 활동한 주한옥의 딸 주미엽과 결혼하였다고 한다. 주미엽은 2024년 현재 쿠바 아바나에서 생존해 있다. 그리고 현재 에스테반 안(Esteban Ahn)과 주미엽(알레한드리나 주)의 아들, 알레한드로 안(Alejandro Alberto Han Brito)이 살고 있다.

2024년 독립기념관의 실태조사보고서에 따르면*, 'Jesus Maria No.109'와 관련하여 2003년 조사 당시 옆집인 107번지에 거주하는 안순필의 후손을 인터뷰 했다. 에스테반 안(Esteban Ahn), 당시 81세로 안순필의 첫째(둘째-필자주) 아들인 안군명의 아들이다. 2024년 현재 에스테반 안의 아들 알레한드로 안(Alejandro Alberto Han Brito)과 동생 가족이 107번지에 거주하고 있다. 알레한드로 안의 증언에 의하면, 109번지에는 안순필의 동생 로렌조 안(Lorenzo Han)이 거주하였다고 한다.** 그러나 로렌조 안은 안순필의 셋째 아들인 안수명(Lorenzo Han)의 이름이고, 안수명의 아들 이름도 로렌조 안으로 알려져 있다. 가족 관계는 추가 확인이 필요하다. 분명한 것은 107 및 109번지를 안순필 가족이 사용하였다는 점이다. 지번은 분리되었으나 두 곳 모두 아바나 지방회관으로

---

* 국외실태조사보고서 멕시코 쿠바편, 2024, 212쪽.
** 안순필의 동생은 없는 것으로 파악되므로 이 부분은 앞으로 검토의 여지가 있어 보인다.

사용했을 가능성이 높다.

　안군명은 재큐(在古)한족단 임원 취임식과 임원기(1943.4.18.)에,*

　　재큐한족단 임원 취임식은 순서위원 서병학의 준비 하에 취지 진
　　술을 한 이종헌을 비롯해 안옥희, 안덕설, 임천택, 이명상 등의
　　참여로 진행되었다. 재큐한족단의 임원은 단장 이종헌, 부단장 이
　　인상, 정문서기 서병학, 부서기 박두현, 서문서기 김성재, 부서기
　　안수명, 재무 문무봉이고, 평의원으로는 김병욱, 박영업, 안군명,
　　이승택, 임천택, 김봉재, 이병호, 한익원, 이명상, 김상준 등이
　　다.

라고 하여, 평의원으로 활동하고 있다. 아울러 쿠바 아바나
지방회의 대한인국민회 회원 증명권 명부(1940년대 초)에서 보
듯이 아바나 지방회 회원으로 활동하고 있다. **

　　아바나지방회의 회원들은 이종헌, 방한조, 문무봉, 김성재, 안옥
　　희, 서병학, 안수명, 안덕실, 박영록, 안재명, 안순필, 김원경,
　　김완서, 김승만, 박순학, 김문옥, 박두현, 안군명, 박동지 등 19
　　명이다. 명부에는 한글 이름 외에 현지 이름인 스페인 이름도 병
　　기 되었는데, 등록호수는 대부분 등록 번호가 있지만 공란으로 둔

---

* 　자료번호2-K04425-000
** 자료번호2-K04629-000

경우, '무' 자만 기입한 경우, 출생지 쿠바만을 기입한 경우 등 일
정치 않다.

　또한 쿠바 아바나지방회 통신원 서병학이 중앙상무부 총
무 김병연에게 보낸 노동허가 협조요청 서한(1940.12.23.)*에,

> 아바나지방에 재류하는 한인 동포의 생활이 극도로 나빠지고 있으
> 며 외국인배척운동이 심해 한 번 노동을 쉬면 다시 일을 구하기가
> 불가능할 정도이다. 이런 상황에서 미국정부가 주선하는 국방준비
> 공사에 일꾼을 많이 모집하는데 신분 검사가 엄밀하고 만약 일하
> 게 되면 매일 2, 3원을 벌 수 있을 것이다. 대한인국민회총회가 나
> 서서 영문으로 한인의 신분증명문을 발급해 주고 쿠바주재 미국영
> 사에게 보낼 공문을 첨부해 주면 노동허락을 받을 수 있을 것이다.
> 그렇게 되어 국방준비공사가 끝날 때까지 일하게 되면 몇백 원을
> 벌게 되어 생활 곤란을 면할 수 있게 되므로 염치불고하고 도움을
> 요청한다고 했다. 그리고 노동허가가 필요한 사람으로는 서병학을
> 비롯해 방한조와 안군명이라 하고 이들의 인적사항을 보냈다.

라고 하여, 안군명이 언급되고 있다.
　안군명은 아바나지방회 회원으로 활동하였다. 대한인국민
회 쿠바 아바나지방회의 회원 명부록(1940년대 초)**에,

---

*　자료번호2-K04382-000
**　자료번호2-K04473-000

아바나지방회의 회원은 이종헌, 이인상, 이흥석, 김성재, 김완
서, 김문옥, 김승만, 김윤여, 안순필, 안군명, 안재명, 안수명,
안덕실, 박두현, 박영창, 박영목, 박순학, 방한조, 문무봉, 서병
학, 강흥식 등 21명이다.

언급되고 있고, 대한인국민회 쿠바 아바나지방회 1942년도
재정조사표 및 재류한인명부(1942.12.)*에,

아바나지방회는 1942년 1월부터 12월까지 재정을 조사해 보고
했는데 수입 내역은 연례금 39원 80전, 외교비 18원, 특연금 7
원 65전, 증명패 및 증명권 9원 60전 등 총 75원 35전이고 지출
총계는 102원 29전이다. 아바나지방에 거류하는 한인들은 이종
헌, 이인상, 이흥석, 김병욱, 김성재, 김문옥, 김승만, 김완서,
안순필, 안군명, 안재명, 박두현, 박영록, 박순학, 방한족, 문부
봉, 서병학 등 17명이다.

라고 하여, 안군명이 역시 아버지 안순필, 형 안재명 등과 함
께 언급되고 있는 것이다.

안군명은 1941년에는 독립군수봉위원으로도 활동하였다.
대한인국민회 쿠바 아바나지방회 집행위원장 이종헌이 중앙
상무부 총무 김병연에게 보낸 임원 선출 보고(1941.12.12.)**에,

---

* 　자료번호2-K04416-000
** 자료번호2-K04413-000

선출된 임원은 집행위원장 이종헌, 총무 방한조, 서기 서병학, 학무위원 서병학, 구제위원 김성재, 선전위원 이인상, 감찰원 안순필, 대표원 문부봉, 독립금수봉위원 안군명이다.

라고 있다. 또한 대한인국민회 쿠바 아바나지방회 집행위원장 이종헌이 재미한족연합위원회 집행부위원장 한시대에게 보낸 통상회 보고서(1941.7.13.)*에도,

아바나지방회는 재미한족연합위원회와 중앙집행위원회의 의결안을 받았으나 즉각 처리하지 못한 것은 재류 동포들이 7월 통상회로 연기하기로 한 때문임을 설명했다. 이것은 노동생활이 각각 산재하여 특별히 모이기 몹시 어려운 까닭이라 했다. 의안을 처리해 보고한 것은 학무위원 박순학에게 지시하여 재류 동포 자제들의 학생 현황 조사를 실시하기로 한 건, 외국인 노동금지 법령으로 재류 동포의 노동생활이 극도로 곤란함으로 본 집행위원의 결의로 독립금 15원을 5원으로 축소해 상납하기로 한 것, 집행부에서 동포의 사정을 감안하시어 허락하시면 본 지방회 집행위원회에서 선출한 독립금수봉위원 안군명(安君明)에게 특별 임명장을 발송해 줄 것, 마탄사스지방 동포들의 생활곤란을 구제하기로 결정한 것 등이다.

언급되고 있다.

---

* 자료번호2-K04411-000

한편 안군명은 1943년에는 아바나 지방회 총무로서 중요한 직책을 맡게 되었다. 이는 다음의 대한인국민회 쿠바 아바나지방회 집행위원장 이종헌이 중앙상무부 총무 김병연에게 보낸 연종지방대회 보고서(1943.12.15.)를 통하여 살펴볼 수 있다. *

　아바나지방회는 12월 12일 오후 3시 집행위원장 이종헌의 사택에서 연종대회를 열고 처리 의결한 사항과 새로 선출된 임원, 그리고 사업성적 등을 보고했다. 주요 내용은 본 지방회 대표원 이인상이 다년간 의무를 이행하지 못한 것은 1941년부터 1943년까지 전시생활의 곤란과 지방회와 재큐한족단의 일 때문임을 설명했고, 이인상이 현재 대한인국민회총회의 회의에 참석하기 어려우니 대리 출석으로 대신해 줄 것을 요청했다. 1944년도 본 지방회 새 임원은 집행위원장 문무봉, 서기 김성재, 총무 안군명, 재무 안수명, 구제위원 박순학, 교육위원 방한조, 선전위원 안수명, 감찰위원 서병학, 대표원 이인상, 협찬위원 서병학, 수전위원 안덕실이다.

---

* 　자료번호2-K04464-000

안수명

　안수명은 1924년 9월 16일 쿠
바 카르데나스에서 안순필의 3
남으로 태어났다. 1943년에는 아
바나에 본부를 둔 재큐한족단 서
번어어 부서기로 활동하였으며,
동년 쿠바독립 제41주년 기념행
열에 안수명은 태극기를, 임천택
의 아들 임은조는 쿠바기를 들

안수명

고 행진하였다. 1944년에는 아바나 지방회 재무, 1945년에
는 재큐한족단 서반아문 부서기, 아바다 지방회 총무겸 재무
를 담당하였다. 1946년에는 재큐한족단 부단장, 아바다 지방
회 재무, 1947년에는 아바나 지방회 총무, 동 지방회 감찰 등
을 담당하였다. 당시 지방회 주소는 아버지인 안순필의 집이
었다. 1950년 7월 29일 쿠바여자 욜란다 소토와 결혼하였다.
1953년에는 임은조와 함께 아바나 한인청년단 고문으로 활
동하였고, 1959년 쿠바 혁명이후 미국 마이애미로 이주하였
다. 2025년 3월에 사망한 안수명의 근황은 2024년 미주 중
앙일보, 미주 한국일보 등에서 찾아볼 수 있다. 아울러 2015
년 당시 흥사단으로부터 독립운동 감사패 수상 상황이 유트

브 〈안수명〉으로 검색하면 찾아볼 수 있다.

쿠바 아바나지방회의 1943년도 국치기념일 식순
(1943.8.29.)*에,

아바나지방회는 집행위원장 이종헌의 주도하에 재큐한족단과 대
한여자애국단지부의 세 단체 합동으로 제33주년 국치기념행사를
거행했다. 기념행사는 대한여자애국단지부단장 이성실의 기도로
시작하였고 김성재가 임시정부 배일선전문을 낭독하였으며 이종
헌의 국치약사, 안수명과 서병학의 연설 등으로 진행되었다.

라고 있고, 쿠바 아바나지방회의 1943년도 3·1절 기념행사
보고서(1943.3.7.)**에도,

아바나지방회는 1943년 3월 1일 3·1절 기념행사를 본 지방의 대
한여자애국단지부와 연합으로 이종헌의 사택에서 거행하고 그 식
순을 보고했다. 3·1절 기념행사는 집행위원장 이종헌의 개회 식
사를 시작으로 이옥등, 서병학, 안수명, 문무봉, 김성재 등에 의
해 진행되었다.

라고 하여, 국치일, 3·1절 등 주요 독립운동 행사에 적극적으
로 참여하고 있다.

----

*　자료번호2-K04392-000
**　자료번호2-K04445-000

쿠바 아바나지방회 집행위원장 이종헌이 대한인국민회 중앙상무부 총무 조원두에게 보낸 아바나지방회 사무 복설건 보고(1945.2.)*에서는,

아바나지방회는 1942년 이래 국민회에 대한 의무를 이행하지 못했는데 이것은 전시상황에서 쿠바 한인들이 일본인으로 지명되어 생활이 어려웠던 까닭이라 했다. 그 후 본회 몇 분이 나서 멕시코 정부와 외국인 수색 특별경무소 경관과 외교 교섭을 펼쳐 쿠바 한인 300여 명이 대한인으로서 전시 안녕보장을 받았는데, 이것은 3개 지방 동포와 국민회를 연합해 재큐한족단을 설립해 재미한족연합위원회의 인준을 받고 외교와 선전활동을 펼친 까닭이라 했다. 1945년 재큐 3개 지방회는 부분적이나마 의무를 이행하기로 했고 본 지방회는 2월 1일 국민회 창립 기념식을 거행한 후 국민회 사무 복설을 논의한 결과 임원 재임과 사무 재개를 의결했으니 과거의 허물을 용서해 주기를 바란다고 했다. 새 임원은 집행위원장 이종헌, 서기 서병학, 재무 안수명, 상무부 총무 방한조, 구제위원 방한조, 교육위원 서병학, 감찰원 이인상, 대표원 서병학이다.

재무로 활동하고 있다. 재큐(在古)한족단 임원 취임식과 임원기(1943.4.18.)**에는, 다음과 같은 기록이 있다

━━━
* 자료번호2-K04716-000
** 자료번호2-K04425-000

재큐한족단 임원 취임식은 순서위원 서병학의 준비 하에 취지 진술을 한 이종헌을 비롯해 안옥희, 안덕설, 임천택, 이명상 등의 참여로 진행되었다. 재큐한족단의 임원은 단장 이종헌, 부단장 이인상, 정문서기 서병학, 부서기 박두현, 서문서기 김성재, 부서기 안수명, 재무 문무봉이고 평의원으로는 김병욱, 박영업, 안군명, 이승택, 임천택, 김봉재, 이병호, 한익원, 이명상, 김상준이다.

1943년 4월 18일 오후 3시 아바나지방회 집행위원장 이종헌의 사택에서 거행된 재큐한족단 임원의 취임식 기록에는 스페인어 부서기로 안수명의 이름이 보이고 있다.

아울러 대한인국민회 쿠바 아바나지방회의 회원 명부록 (1940년대 초)*에,

아바나지방회의 회원은 이종헌, 이인상, 이홍석, 김성재, 김완서, 김문옥, 김승만, 김윤여, 안순필, 안군명, 안재명, 안수명, 안덕실, 박두현, 박영창, 박영목, 박순학, 방한조, 문무봉, 서병학, 강흥식 등 21명이다.

그리고, 대한인국민회 쿠바 아바나지방회 집행위원장 이종헌이 중앙상무부 총무 김병연에게 보낸 연종지방대회 보고서(1943.12.15.)**에서도, 안수명은 1944년 선전위원으로 활

---

* 자료번호2-K04473-000
** 자료번호2-K04464-000

동하였다.

주요 내용은 본 지방회 대표원 이인상이 다년간 의무를 이행하지 못한 것은 1941년부터 1943년까지 전시생활의 곤란과 지방회와 재큐한족단의 일 때문임을 설명했고, 이인상이 현재 대한인국민회총회의 회의에 참석하기 어려우니 대리 출석으로 대신해 줄 것을 요청했다. 1944년도 본 지방회 새 임원은 집행위원장 문무봉, 서기 김성재, 총무 안군명, 재무 안수명, 구제위원 박순학, 교육위원 방한조, 선전위원 안수명, 감찰위원 서병학, 대표원 이인상, 협찬위원 서병학, 수전위원 안덕실이다.

안수명은 1945년 총무겸 재무로서 지방회의 실질적인 역할을 담당하게 되었다. 대한인국민회 쿠바 아바나지방회 집행위원장 이종헌이 중앙상무부 총무 김병연에게 보낸 연종보고건 보고서(1944.11.12.)*에서 볼 수 있다.

먼저 1944년 1월부터 11월까지 총 수입금은 12원 30전이고 총 지출은 13원 35전이며, 남녀 학생 수는 남 8명, 여 9명 등 총 17명이며, 인구 수는 성년 21명, 부인 9명(1명은 쿠바인), 남아 13명, 여아 15명 해서 총 58명이다. 1945년도 새 임원은 집행위원장 이종헌, 서기 서병학, 서문서기 김성재, 총무 겸 재무 안수명, 구제위원 방한조, 교육위원 서병학, 선전위원 김성재, 실업위원

---

* 자료번호2-K04468-000

방한조, 감찰원 박두현, 대표원 강홍식이다.

1945년 8월에는 안수명이 재큐한족단 서번어부 서기를 담당하였다. 대한인국민회 쿠바 마탄사스지방회 집행위원장 임병일이 김병연에게 보낸 통상회 보고 공문 제61호(1945.8.7.)*에서 확인할 수 있다.

마탄사스지방회는 8월 5일 통상회를 열고 7월 29일 아바나 재큐한족대표회에 참석하고 돌아온 임천택의 경과보고를 접수했다. 그 내용은 재큐한족단 사무실 설치는 동포들의 노동정지를 감안해 유안하기로 했고, 1946년도 재큐한족단 임원은 단장 이종헌, 부단장 박창운, 한글서기 서병학, 서문서기 김성재, 재무 이인상, 한글부서기 임천택, 서문부서기 안수명, 부재무 방한조로 정했으며 그 외 마탄사스지방회 대표원은 임천택, 박창운, 이병호, 김덕재로 선정했다.

한편 쿠바정부가 5월 20일 쿠바정부 수립 41주년을 기념하기 위해 대대적인 기념 대행렬을 거행하기로 하고 연합국 승리를 기원하는 단체들의 참여를 독려하자 4월 4일 아바나에 본부를 두고 결성한 재큐한족단은 대행렬의 참가를 결정하고 임천택, 김승제, 이승택, 홍마누엘, 임경옥, 임상옥, 임은

* 자료번호2-K03936-000

조, 안수명, 그리고 남녀 청년 각 20명씩이 행렬에 참여했다. 이는 대한인국민회 쿠바 마탄사스 통신원 임천택이 대한인 국민회총회에 보낸 보고(1943.5.22.)에서 볼 수 있다. *

쿠바정부가 5월 20일 쿠바정부 수립 41주년을 기념하기 위해 대 대적인 기념 대행렬을 거행하기로 하고 연합국 승리를 기원하는 단체들의 참여를 독려하자 4월 4일 아바나에 본부를 두고 결성 한 재큐한족단은 대행렬의 참가를 결정하고 임천택, 김승제, 이승 택, 홍마누엘, 임경옥, 임상옥, 임은조, 안수명, 그리고 남녀 청 년 각 20명씩이 행렬에 참여했다. 한인들의 행렬이 국회의사당 앞 기념식장을 지날 때 태극기로 경례하자 쿠바의 정계와 군부의 인 사들로부터 기립박수를 받았다고 했다.

이번 대행렬 참가 행사를 위해 카르데나스의 공식 비공식의 지원 이 있었고 마탄사스에서는 6명이 참가했는데 이들은 5월 19일 저 녁 때 아바나에 도착해 행사를 치른 후 21일 귀환했다고 했다. 이 번 대행렬은 10시 15분에 시작해 3시 15분에 끝났는데 전체 참 가자 수는 6만 명가량된다 했다. 아바나에서 한인의 입지를 다지 고 태극기를 나부끼게 한 일에 대해 매우 자랑스럽다고 전했다.

*   자료번호2-K08061-000

미국 한국언론에 보이는 안수명

1. LA중앙일보 에트랄타 중앙일보(2024년 3월 26일)

"독립유공자 포상 1년 지나도록 유족들은 서훈 사실조차 몰랐
다"

쿠바 일대서 독립운동 펼친 고 안순필 선생…정부는 작년
3·1절 맞아 뒤늦게 건국포장 추서

총영사관 "후손이 보훈부에 직접 신청해야"

손자 "100세 앞둔 아버지 속히 전수받기를"

대한민국 정부로부터 사망 76년이 지난 2023년에야 독
립유공자 공적을 인정받은 안순필(페드로 안) 선생의 후손
들이 서훈 사실조차 알지 못했던 것으로 드러났다.

고인의 아들은 흥사단 동남부지회 등에서 공로패를 받
을 정도로 잘 알려진 지역 인사였다는 점에서 해외 독립
유공자에 대한 보훈부와 애틀랜타 총영사관의 무관심과
탁상행정이 비판을 받고 있다.

멕시코와 쿠바 일대의 대표적 독립운동가로 꼽혔던 안
순필 선생의 손자 로렌조 주니어 안은 21일 기자와의 통
화에서 지난해 국가보훈부가 제104주년 3·1절을 맞아 안
순필 선생에게 건국포장을 추서한 데 대해 "가족 누구도
들은 바가 없다"고 밝혔다. 안 선생의 아들로 쿠바 아바나

의 한인회 격인 재큐한족단 부단장 등을 역임하며 함께 독립운동에 헌신한 안수명(로렌조 안)씨 역시 1년이 넘게 지나도록 추서 사실을 전혀 알지 못했다.

재미한족연합회에서 발급한 쿠바 한인 등록증에 따르면, 안순필(페드로 안)의 셋째 아들로 안수명(로렌조 안)이 기록돼 있다. 서던 캘리포니아대학(USC) 디지털도서관에서 보관 중.

로스앤젤레스에 거주하는 이자경 연구가의 저서 〈한국인 멕시코 이민사(1998)〉와 김재기 전남대학 정치외교학과 교수의 조사를 종합하면, 안순필 선생은 1905년 멕시코로 이주해 선박용 밧줄을 만들던 에네켄 공장과 사탕수수 농장에서 일하며 모은 돈을 독립운동 자금으로 보탰다. 또 아바나에서 대한인국민회와 국어학교를 설립했다. 보훈부는 안 선생의 공적 사실에서 1918~1941년 여러 차례 독립운동자금을 지원했다고 밝혔다.

이후 1924년 쿠바에서 태어난 아들 안수명 씨가 부친을 이어 아바나 한인청년단 고문 등을 맡으며 현지 한인사회 부흥과 독립운동에 앞장섰다. 흥사단 동남부 지회와 민주평통 애틀랜타 협의회가 2015년 안 선생의 공적을 기리며 수여한 공로패와 감사패도 그가 대신 받았다.

2. 잊혀진 쿠바의 조선 독립유공자, 올해 100세 안수명 옹 이
야기, (K News Atlanta) 2024년 7월 5일자.

[기획] 잊혀진 쿠바의 조선 독립유공자, 올해 100세 안수명 옹
이야기 [1]

아버지 안순필 선생, 멕시코 거쳐 쿠바 정착… 자녀들과
독립 자금 보내

막내 아들 안수명 옹, 올해 100세.. 쿠바 아바나 한인청
년단 고문 지내기도

지역 한인 조윤수 씨, 언론에 알려

아직 한국은 한번도 못가.. 벽에 걸린 태극기로 마음 달래

쿠바 일대서 독립운동 펼친 고 안순필 선생에게 2023년
대한민국 정부는 3·1절을 맞아 건국포장을 추서했다.

조선말기 병인양요가 발생한 1866년 경기도 수원 팔탄
면에서 탄생한 안순필(安順弼, 페드로 안, Pedro Han, 1866.8.19-
1947.2.2) 선생은 1905년 멕시코로 이민해 유카탄 남 프론
테라에서 소위 애니깽으로 불리우는 사탕수수 노동자로
일하다, 1921년 보수가 좀더 좋은 쿠바로 이주했다.

안순필 선생은 쿠바의 마나타 항구에 첫발을 디딘 이후,
1930년대 중반 아바나(Habana)로 이주해 자영업을 운영하

며, 세 딸과 두 아들과 함께 모은 자금으로 조선의 독립을 지원했다. 안순필 선생의 이러한 활동은 후에 현지 한인들의 증언에 의해 발굴되어 사후 건국 포장을 받게된다.

한편, 본보 유진 리 기자와 잡 코리아 김충식 기자 등 합동 취재반은 지난 3월 25일 안순필 선생의 막내 아들 안수명 옹을 만나러 플로리다 마이애미로 향했다. 안수명 옹은 올해로 만 100세가 됐지만, 독립 유공자에 오르지 못했다.

자택을 방문하자 한쪽 벽면에는 대형 태극기가 걸려 있었다. 안수명 옹은 "이런 형태의 디스플레이는 쿠바의 한국학교와 자신의 집에서 어렸을 때 보았던 형태"라고 설명한다.

100세의 안수명 옹을 만나러 간다하니 전 애틀랜타 정치참여위원회 김성갑 위원장이 "건강을 기원한다"며 인삼 한 세트를 전해달라고 부탁해 이를 전달하자, 안수명 옹은 "정말 고맙지만 내 체력은 40대"하고 큰 웃음을 지어 보였다.

한국말을 잘 하지 못해도 그는 쿠바에서 배운 한국어와 한글, 애국가 등을 또렷이 기억히고 있었으며, 아버지 안순필 선생에 대해서도 잘 기억히고 있었다.

아버지 안순필 선생이 1924년 쿠바에서 얻은 막내 아들 안수명 옹은 2남 3녀 중 차남으로, 쿠바에서 아버지와 지인들이 세운 최초의 쿠바 아바나 한국학교에서 한글과 한국말, 애국가등을 익혔고, 이후 부친 작고 후 큰 의류 공장을 운영해 부를 쌓던 중 쿠바에 공산혁명이 일어, 가진 재산을 모두 빼앗기자, 1961년 목숨을 걸고 보트로 바다를 건너 플로리다 마이애미로 이주해서 유명 레스토랑에서 셰프로 일하다 은퇴했다.

안수명 옹이 취재진과 만나게 된 것은 마이애미에서 오랫동안 비즈니스를 해 오던 조윤수 씨 덕이었다. 조 씨는 자신의 사업체에 현지 경찰로 순찰을 돌던 현지인인 로렌조 안씨가 자신이 "한국인"임을 밝히고 아버지인 안수명 옹과 할아버지인 안순필 선생에 대해 이야기 했다고 한다.

이를 인연으로 조윤수 씨는 현지 경찰 로렌조 안씨의 아버지 안수명씨 옹이 독립유공자에 오르지 못한 상황을 알고 이를 등록시키고자 백방으로 방법을 알아 보았지만 여의치 않았다고 한다.

지성이면 감천이라고 조윤수씨는 로렌조 안 씨의 부친인 안수명 옹, 그의 할아버지 안순필 지사의 기록을 찾을 수 있었다. 주한 재미한족연합회에서 발급한 쿠바 한인 등록증에 따르면, 안순필(페드로 안)의 셋째 아들로 안수명(로렌조 안)이 기록돼 있었다. 이 기록은 서던캘리포니아대학 (USC) 디지털 도서관에서 보관 중이다. (안수명 옹과 그의 아들은 영문이름이 로렌조 안으로 같다)

로스앤젤레스에 거주하는 이자경 연구가의 저서 〈한국인 멕시코 이민사(1998)〉와 김재기 전남대학 정치외교학과 교수의 조사를 종합하면, 로렌조 안의 할아버지 안순필 선생은 1905년 멕시코로 이주해 선박용 밧줄을 만들던 에네켄 공장과 사탕수수 농장에서 일하며 모은 돈을 독립운동 자금으로 보냈다.

또 쿠바의 수도 아바나에서 대한인국민회와 국어학교를 설립했다. 보훈부는 안순필 선생이 1918~1941년 여러 차례 독립운동자금을 지원했다고 밝혔다.

이후 1924년 쿠바에서 태어난 아들 안수명 옹이 부친을 이어 아바나 한인청년단 고문 등을 맡으며 현지 한인사회 부흥과 독립운동에 앞장섰다.

오는 9월, 안수명 옹은 만 100세를 맞이한다.

이날 한인 한인 동포 사회에서는 플로리다 한인연합회 신승렬 회장, 마이애미 한인회 이종주 회장 등이 함께 자리하고 안수명 옹이 기억하는 울드랭 싸인 곡조에 가사를 입힌 구 애국가를 함께 불렀다.

100세가 되도록 아직 한국 땅은 한번도 밟아보지 못한 안수명 옹. 그가 부른 애국가와 한국은 어떤 의미였을까?

이제라도 독립유공자에 이름을 올리기 위해 그의 후손인 아들들과 딸이 한국보훈부의 웹사이트를 살펴 보았지만 한국말을 전혀 하지 못해 아예 손도 못대고 있는 실정이다.

2024년은 대한민국과 쿠바 정부는 국교를 다시 맺었다. 이를 기념하고 그동안 잊혀졌거나 우리가 찾지 못했던 독립 유공자의 발굴을 위해 한국 정부의 특별한 지원이 필요했다.

〈부록 1〉 임면수지사 추모회 사진(삼일학교 교정, 1964년)

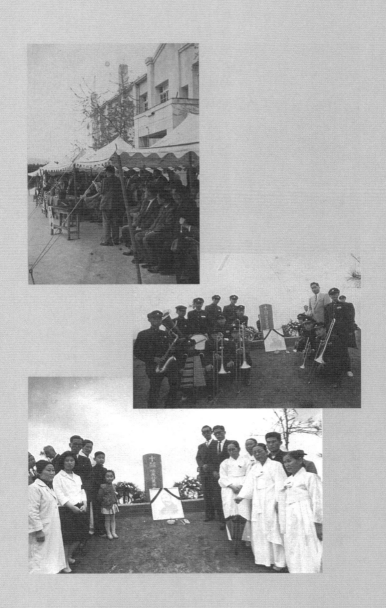

〈부록 2〉 멕시코로 간 수원사람들 인구등록표

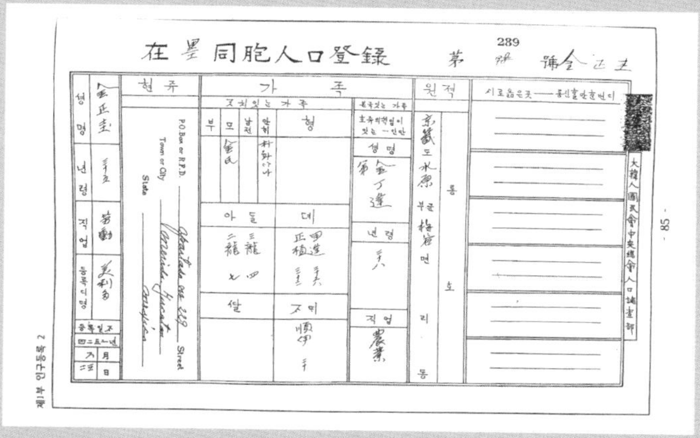

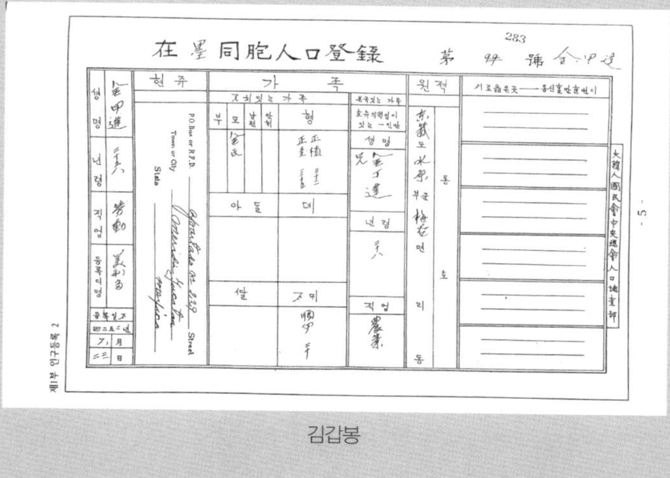

김정규

김갑봉

237

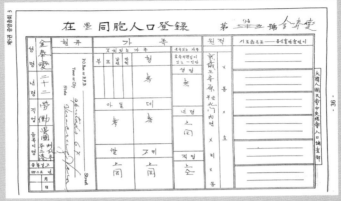

김봉섭

김석하

在美同胞人口登錄　第 1102　號 金順權

김순권

在　同胞人口登錄　第 975　號 朴聖雲

박성운

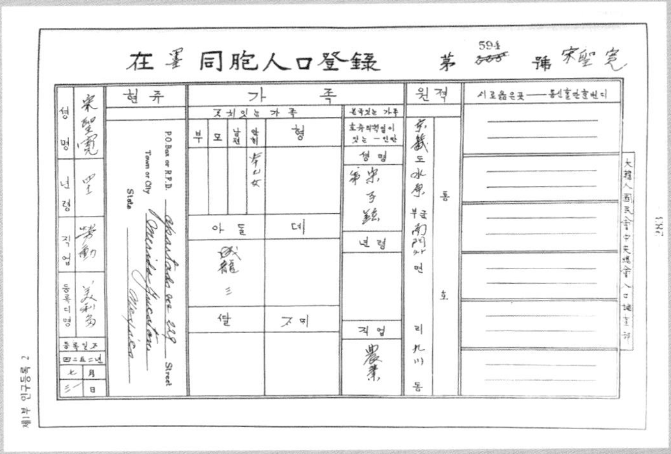
在墨同胞人口登錄 第 594 號 宋聖寬

성명 宋聖寬 | 년령 | 직업 勞動 | 등록디명 美利多 | 등록일조 四二五二년 七月 三日

현주 P.O. Box or R.F.D. / Town or City / State Mexico / Street

가족: 주의있는 가족 — 부 모 남편 안해 형 / 아들 데 / 딸 조미

본국있는 가족: 호유의책임이 잇는 一인만 / 성명 / 년령 / 직업 農業

원적: 京畿도 水原부군 南門外면 리 통 호 九川동

시로옮은곳 — 옮긴할만날인디

大韓人國民會中央總會人口調査部

송성관

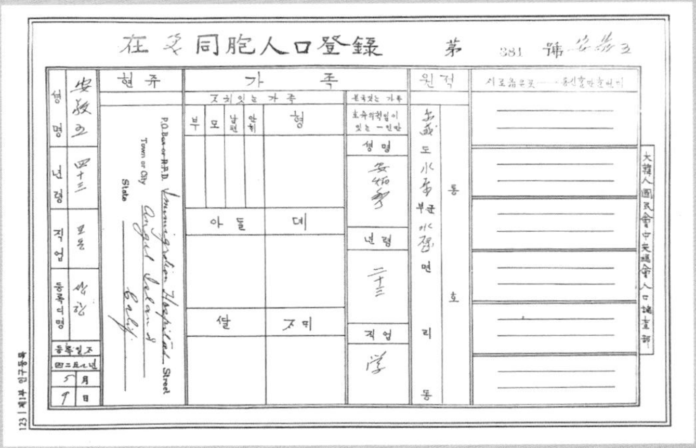
在美同胞人口登錄 第 381 號 安敬五

성명 安敬五 | 년령 四十三 | 직업 | 등록디명 | 등록일조 四二五二년 5月 9日

현주 P.O. Box or R.F.D. Immigration Hospital / Town or City Angel Island / State Caly / Street

가족: 주의있는 가족 — 부 모 남편 안해 형 / 아들 데 / 딸 조미

본국있는 가족: 호유의책임이 잇는 一인만 / 성명 / 년령 二十三 / 직업 學

원적: 京畿도 水原부군 면 리 통 호 동

시로옮은곳 — 옮긴할만날인디

大韓人國民會中央總會人口調査部

안경오

참고문헌

국가보훈처, 『만주지역 재류금지관계잡건』, 2009

허영백, 「광복선열 고 필동임면수선생약사」. 1963년 2월 25일

삼일학원65년사편찬위원회, 『삼일학원65년사』, 삼일학원. 1968.

국사편찬위원회, 『한국독립운동사자료』39 중국동북지역편 1, 2003,

박환, 『만주한인민족운동사연구』, 일조각, 1991.

박환, 『경기지역 3·1독립운동사』, 선인, 2007.

박환, 『신흥무관학교』, 선인, 2021.

박환, 『근대민족운동의 재발견』, 선인, 2022.

매산초등학교100년사편찬위원회, 『매산100년사』, 2006.

서중석, 『신흥무관학교와 망명자들』, 역사비평사, 2001

수원종로교회, 『수원종로교회사 1899~1950』, 2000.

조성운, 『일제하 수원지역의 민족운동』, 국학자료원, 2003.

김형목, 「기호흥학회 경기도 지회 현황과 성격」, 『중앙사론』12·13, 중앙사학회,
　　　1999.

성주현, 「근대 식민지 도시의 형성과 수원」, 『수원학연구』2, 수원학연구소,
　　　2005,

한규무, 「상동청년회에 대한 연구」, 『역사학보』126, 1990.

한규무, 「1900년대 서울지역 민족운동 동향」, 『한국민족운동사연구』19, 1998.

한동민, 「근대 수원의 일본인 사회와 일본인학교」,「지배문화와 민중의식』, 한신
　　　대학출판부, 2008.

한동민, 「필동 임면수의 가계와 생애에 대한 재검토」, 『수원화성향토문화연구』2,
　　　2015.

기호흥학회, 『기호흥학회월보』

대한매일신보

황성신문

신한민보

신흥학우보

김도형, 「멕시코 지역 대한인국민회의 조직과 활동」, 『국사관논총』 107, 국사편
　　찬위원회, 2005.

김도형, 「도산 안창호의 '여행권'을 통해 본 독립운동 행적」, 『한국독립운동사연구』
　　52, 독립기념관 한국독립운동사연구소, 2015.

성주현, 「쿠바한인사회를 통해 본 천도교와 민족운동」, 『한국민족운동사연구』 95,
　　2018.

이자경, 『한국인 멕시코 이민사』, 지식산업사, 2004.

이자경, 『멕시코 이민 100년의 회상』, 인천광역시, 2005.

이자경, 『멕시코 한인 이민 100년사 상 − 에네켄 가시밭의 100년 오딧세이』, 멕
　　시코 한인 이민 100주년기념사업회 · 한맥문학출판부, 2006.

이자경, 『멕시코 한인 이민 100년사 하 − 에네켄 가시밭의 100년 오딧세이』, 멕
　　시코 한인 이민 100주년기념사업회 · 한맥문학출판부, 2006.

정경원, 『멕시코 쿠바 한인 이민사』, 한국외국어대출판부, 2005.

외교부, 『쿠바 한인 이민 100년사』, 휴먼컬처아리랑, 2022.

대한인국민회 자료(독립기념관 소장)